THE TALE OF THREE CITIES
THE REBUILDING OF LONDON, PARIS, AND LISBON

KENNETH MAXWELL

EDITED BY
ROBBIN LAIRD

Copyright © 2025 by Robbin Laird

All rights reserved.

No portion of this book may be reproduced in any form without written permission from the publisher or author, except as permitted by U.S. copyright law.

Library of Congress Control Number: 2025906767

The cover photo was generated by an AI program.

CONTENTS

Preface	v
1. OVERVIEW	1
2. URBAN RENEWAL, AND MODERNISM: LONDON AFTER THE GREAT FIRE OF 1666; LISBON AFTER THE GREAT EARTHQUAKE OF 1755; PARIS UNDER NAPOLEON III AND THE BARON HAUSSMANN.	4
Lisbon: The Great Earthquake of 1755 and the Reconstruction of Lisbon	14
Paris: The Reconstruction of Paris by Napoleon III and Baron Haussmann.	31
Conclusion	44
3. RENOUVEAU URBAIN ET MODERNISME : LONDRES APRÈS LE GRAND INCENDIE DE 1666 ; LISBONNE APRÈS LE GRAND TREMBLEMENT DE TERRE DE 1755 ; PARIS SOUS NAPOLÉON III ET LE BARON HAUSSMANN.	53
Lisbonne : le grand tremblement de terre de 1755 et la reconstruction de Lisbonne	63
Paris : la reconstruction de Paris par Napoléon III et le baron Haussmann.	82
Conclusion	96

4. RENOVAÇÃO URBANA E MODERNISMO: LONDRES APÓS O GRANDE INCÊNDIO DE 1666; LISBOA APÓS O GRANDE TERRAMOTO DE 1755; PARIS SOB NAPOLEÃO III E O BARÃO HAUSSMANN. 105
Londres: O Grande Incêndio e os Planos Falhados para a Reconstrução da Cidade 106
Lisboa: O Grande Terramoto de 1755 e a Reconstrução de Lisboa 116
Paris: A reconstrução de Paris por Napoleão III e pelo Barão de Haussmann. 134
Conclusão 147

5. CONCLUSION 156

6. THE TRANSITIONS IN PHOTOS, PAINTINGS AND GRAPHICS 165
London 166
Paris 171
Lisbon 177
Requiem 190

About the Author 193
About the Editor 195
Notes 197

PREFACE

This book addresses the transformation of three key European cities as well as the interaction of those processes of change on each other.

The core essay around which the book is built is provided in the languages of the three cities: English, French and Portuguese.

This book is built from a lecture given by Dr. Kenneth Maxwell at Harvard University in September 2024.

What follows is how Maxwell described his visit back to Harvard in a piece he wrote in September 23, 2024.

KENNETH MAXWELL ON THE HARVARD SYMPOSIUM

September 23, 2024

I have just spent two very intellectually stimulating days back at Harvard University attending the international colloquium on Luso-Brazilian Art and Literature

The colloquium was organized by Professor Josiah Blackmore who holds the Robert C. Smith Chair of

Portuguese at Harvard and his Brazilian colleague Juliano Gomes. Robert C. Smith was a great art historian, especially of the Baroque in Portugal and in Brazil. He was a graduate of Harvard and he endowed the chair that Professor Blackmore now holds.

The colloquium gathered a galaxy of scholars from Portugal, Brazil, Germany and the United Kingdom, and I was invited back to Harvard to give the opening keynote lecture. I spent many happy years at Harvard as a professor of history where I established the Brazil Studies programs at the David Rockefeller Center for Latin American Studies, which is one of the sponsors of the colloquium.

My lecture focused on "Disaster & Reconstruction: The Challenges of Modernism" where I discussed the Great Fire of London of 1668 and the aborted plans for Christopher Wren to redesign the city, the reconstruction of Lisbon after the Great Earthquake of 1755 under the direction of the Marquês de Pombal, and the destruction of the old Paris and the reconstruction of the new Paris under Napoleon III and the Baron Haussmann.

All these reconstruction efforts were framed by disasters and had much in common.

Presentations were made by Lilia Moritz Schwarcz, of

the University of São Paulo and Princeton University, who was recently elected to the prestigious Academia Brasileira das Letras, Pedro Flor for the Universidade Alberta in Lisbon, Erika Naginski of Harvard, Patrícia Merlo of the Universidade Federal de Espírito Santo in Brazil, Susana Varela Flor of the Universidade Nova in Lisbon, Paulo Knauss of the Universidade Federal Fluminense, Alexandre Vidal Porto, and the final keynote address by Rafael Cardoso of the Freie Universitat Berlin,

The sessions were chaired and participated in by leading Harvard professors, Doris Sommer, Mariano Siskind, Sidney Chalhoub, who is now the chair of Harvard's History Department who gave a marvelous paper on Machado de Assis, Tamar Herzog who gave a paper on Tombos, Diana Davis, Bruno Carvalho, another Brazilian now a professor at Harvard and who as a graduate student at Harvard attended the very first seminar I taught at Harvard, and not least, Alejandro de la Fuente. Harvard graduate students, Adam Mahler and João Marcos Cupertino Pereira, commented on Ambassador Alexandro Vidal Porto's stimulating discussion of his latest novel.

One thing also to note is how far Harvard has come in the last decade. There are many Brazilian students now at the University, as well as many Brazilian professors teaching here. Long may this continue! But the key to the success of the colloquium was the opportunity it provided for all participants to meet in person, many for the first time, and to exchange views. In fact Professor Pedro Flor of the Universidade Aberta of Lisbon brought my attention to another precedent: The Great Fire of Rome and the reconstruction of the city by the Emperor Nero.

It was a wonderful few days and we must thank Professor Blackmore and Juliano Gomes for creating such a vibrant community of scholars and hope that they, and Harvard, will continue to do so in the future.

I was very delighted to have been invited to join such a galaxy. Luso-Brazilian studies need such moments which are regrettably very rare. It is also worth remembering that Professor Blackmore's predecessor, the first holder of the Smith Chair, Professor Francis Rogers, who was of New England Portuguese descent and was the former Dean of GSAS, also hosted a colloquium on Luso-Brazilian studies here at Harvard in 1966. I hope we will not have to wait almost sixty years for the next symposium.

The final session of the symposium with the consul-generals of Brazil and Portugal standing to the right...the final session with Alexandre Vidal Porto...(third from the left) and with the organiser, Professor Josiah Blackmore in the center..

1
OVERVIEW

This book examines the reconstruction efforts of three European cities: London following the Great Fire of 1666, Lisbon after the devastating earthquake and tsunami of 1755, and Paris under Napoleon III and his prefect Haussmann. It details the catastrophic events that necessitated rebuilding and explores the visions and challenges faced by architects and leaders in reshaping these urban landscapes.

The book further touches upon the political and social contexts influencing these transformations, as well as the lasting impact of these redesigns on the modern cities.

By focusing on these distinct yet parallel urban renewal projects, the book offers a comparative look at city planning and modernization during significant periods of European history.

The book starts with a look at London and its transformation through crisis and expansion in the 17th-18th Centuries. The essay then addresses the transformation of Lisbon. The November 1, 1755, earthquake was a catastrophic event of immense scale. Its magnitude and impact are emphasized, noting it was "at least three times more powerful than the volcanic eruption of Krakatoa" and the most powerful earthquake to hit Europe in known history.

The final part of the book focuses on the Paris transformation under the Second Empire. Napoleon III envisioned a new Paris with improved housing and sanitation. Georges-Eugène Haussmann was the key figure in implementing this vision, serving as Prefect of the Seine for 17 years.

The first theme highlighted in the book was urban transformation in response to crisis. Both London after the Great Fire and Lisbon after the earthquake underwent significant urban transformations. While London's rebuilding was more constrained by existing property rights, Lisbon saw a more radical and centrally controlled redesign. Paris's transformation was driven by political will and a vision of modernization rather than a sudden catastrophic event.

The second theme emphasized was the key role of strong leadership in the transformation process. Figures like Charles II (in a more passive way in London), Pombal in Lisbon, and Napoleon III and Haussmann in Paris played crucial roles in shaping the urban landscapes of their respective cities. Pombal and Haussmann, in particular, exhibited strong, centralized control over the rebuilding and modernization processes.

The third theme emphasized in the essay is the impact of Enlightenment ideas in animating the process of transformation. The Enlightenment ideals of reason, order, and progress influenced the planning of both the rebuilt Lisbon and the modernized Paris, with a focus on functionality, hygiene, and rational urban layouts.

The final theme was the key role of economic drivers of

urban development: The growth of empire and trade fueled London's expansion, while Pombal's reconstruction aimed to revitalize the Portuguese economy. Haussmann's projects in Paris also had significant economic implications, driving real estate development and related industries.

2

URBAN RENEWAL, AND MODERNISM: LONDON AFTER THE GREAT FIRE OF 1666; LISBON AFTER THE GREAT EARTHQUAKE OF 1755; PARIS UNDER NAPOLEON III AND THE BARON HAUSSMANN.

In the Fall of 2024 Kenneth Maxwell participated in an international colloquium on Luso-Brazilian Art and Literature. His lecture focused on a subject which encompassed how the rebuilding of Lisbon after the great earthquake in 1755 fit into to the rebuilding of two other greater European cities, namely London and Paris.

The title of the lecture was:

Catastrophes, Urban Renewal, and Modernism: London after the Great Fire of 1666; Lisbon after the Great Earthquake of 1755; Paris under Napoleon III and the Baron Haussmann. A longer version of the lecture given at the conference follows.

Inigo Jones is buried at St. Benetton Welsh Church, West Paul's Wharf, now 93 Queen Victoria Street, in the City of London. He was born in Smithfield in the City of London in 1577, and he died at Somerset House on 23 June 1652. Inigo Jones was the son of a Welsh cloth worker. His assistant, also born in Smithfield, John Webb, also died in Somerset House in 1672.

Inigo Jones designed revolutionary buildings: The Queen's House in Greenwich in 1616. The Banqueting House at Whitehall was completed in 1622. His design and layout of the great residential piazza and church of Covent Garden. He designed a magnificent new palace which was never built for King Charles I.

Inigo Jones was the first to introduce the classical architecture of Rome and the Italian Renaissance to Britain. He had spent time in Rome and Italy and had then worked for King Christian IV of Denmark.

Queen Anne of Denmark, the consort of James I, became his patron in London. He was appointed in 1613 to be the surveyor of the King's Works. He was a skilled costume and scenery designer who together with Ben Johnson produced many court masques for Queen Anne. Rubens magnificent ceiling for the Banqueting Hall at Whitehall was painted in Antwerp and installed in 1636. It celebrated the union of the crowns of England and Scotland and the creation of Great Britain.

Inigo Jones Queen's House at Greenwich was built for Queen Anne facing the Thames. It was the first building in England to be designed in pure classical style. It followed the designs in Palladio's "Four Books of Architecture."

Inigo Jones designed the great residential square or piazza of Covent Garden following the piazza of Livorno following a commission from the Earl of Bedford. It was the first planned urban development in London.

Inigo Jones's assistant John Webb (1611-1672) worked with him from 1628. In the 1640s Jones and Webb jointly designed Wilton House near Salisbury. John Webb acted as a spy for Charles I in London during the Civil War. After

Jones death in 1652 Webb inherited a substantial fortune and many of Jones designs and drawings.

The Civil War in 1642 saw the end of Inigo John's career. But the influence of his architectural plans and of his building style on future British architecture was considerable. The opportunity and the challenge to rebuild London was the result of twin catastrophes: The great plague of 1665-1666 and the great Fire of London of 1666.

The great plague of 1665-1666 was the last great flea and louse borne epidemic of bubonic plague in England. The plague killed 100,000, or one quarter of London's population, and forced King Charles II and his court to flee London, first to Salisbury, and then to Oxford.

The Great Fire of London 1666 destroyed much of the city from the Tower of London to Fleet Street.

Samuel Pepys took to safety on the south bank of the Thames and watched the flames consume the medieval city. Pepys wrote: "It made me weep to see it... the horrid noise the flames made, the cracking of houses at their ruin".

Five-sixths of the walled city was destroyed. Charles II issued a proclamation promising "a much more beautiful city than is this time consumed." He also outlined his wish to impose main thoroughfares like Cheapside and Cornhill which would be "of such breadth as may God's blessing prevent the mischief that may suffer if the other be on fire."

As the fire still smoldered, Christopher Wren, aimed to create a new city from the ashes: "rendering the whole city regular, uniform, durable and beautiful". He submitted his ambitious vision for a new London in 1666 to King Charles II personally on September 11, a little more than a week after the blaze was extinguished. Before the Great Fire, the City of London was a huddled mass of timber-framed buildings with the city stretching from the Tower of London in the east to Fleet Street and the Strand in the west.

The 1666 fire began in Thomas Farryner's bakery in Pudding Lane, a narrow street just yards from the head of London Bridge, in the early hours of Sunday 2 September. By Monday the fire had destroyed Thomas Gresham's Royal Exchange. The roads leading out of the city were clogged with carts and wagons. On Tuesday the fire had spread past the city boundaries at Ludgate and up Fleet Street.

The fire reached St. Paul's Cathedral where the burning timbers fell on the piles of books in the churchyard. St Paul's went up in flames with streams of molten lead running down the surrounding streets.

The fire raged for four days and destroyed most of the medieval part of the city. Rumours spread that the fire had been deliberately set by the French, the Dutch, the Papists. Mobs roamed the streets savagely beating anyone who looked or sounded like a foreigner.

When it became clear that the Lord Mayor of London Thomas Bludworth (1620-1682) was incapable of responding to the fire, King Charles placed his brother, James Stuart, the Duke of York, in charge. He organised a string of stations in a great arc round the fire each supervised by a courtier, aided by three justices, thirty soldiers, the parish constables, and a hundred civilians.

King Charles II and James, the Duke of York (1633-1701), personally oversaw the demolition of whole streets of houses and managed to create a series of firebreaks which slowed the westward spread of the fire.

By nightfall on Wednesday, the 5th of September, the worst was over. In five days over 200,000 Londoners had been made homeless. 13,000 buildings had been destroyed. An area of 436 acres was in ruins, including St Paul's Cathedral, the Exchange, the Custom House, the halls of 44 of the City Companies, and 86 parish Churches.

From Oxford, as the sky turned red, Christopher Wren saw opportunity. He went to London to inspect the smoldering ruins and then set to work on his most ambitious architectural plans: a design not only for a new cathedral but for an entire new city.

King Charles II invited architects and surveyors to present alternative reconstruction plans. The proviso he stipulated, was that: "No man whatsoever shal [sic] presume to erect any House or Building, great or small, but of Brick or Stone".

Several plans were submitted: Richard Newcourt 1610-1679) proposed a series of public squares. In the middle of each a church and churchyard. This plan could be extended over and over again: Some architectural historians believe that Newcourt's idea formed the basis of the plan for Philadelphia – which in turn became the model for the American grid system.

Army captain, Valentine Knight, proposed long east/west streets and occasional north/south cross-sections. He also proposed a new canal "for which the King could charge a toll, to raise money to help rebuild London after the fire." The canal would have met the River Fleet in the north-west, emerging into the Thames just to the west of the Tower of London. But King Charles was not keen, and he had Valentine Knight arrested for suggesting that the King might benefit financially from such a calamity.

Robert Hooke, the philosopher and surveyor proposed a radical vision. A grid system made up of broadly similar-sized blocks with four large market squares with churches every few blocks.

Sir John Evelyn, who held prominent public positions under Charles II, had traveled widely in Italy and France, wanted London to be rebuilt according to an Italian style radial pan, with piazzas and broad avenues.

Christopher Wren proposed that the narrow medieval streets be replaced by wide avenues spreading out from piazzas. The royal exchange piazza he saw as a huge round-point piazza surrounded by radial streets with the post office, the excise office to the north of the piazza, the goldsmiths on either side of the piazza, and the bank, mint, and insurance house to the south.

The whole royal exchange Piazza would be bounded in the south by the wide and straight Leaden-hall Street. The new Saint Paul's cathedral would have stood at the intersection of Leadenhall Street and Ludgate and Fleet Street facing a triangular piazza. The area along the Thames would have become a long public quay. Christopher Wren envisioned a commercial and mercantile city where trade and commerce would have pride of place.

King Charles II made Wren one of six commissioners appointed to oversee the rebuilding work, but property owners asserted their rights and began building again on plots along the lines of previous medieval streets.

King Charles II had no appetite to get involved in legal battles with Loudon's wealthy merchants and aldermen. A Fire Court in February began sorting out the remaining disputes and the Rebuilding Act of 1666 regulated the heights of the buildings (no more than four stories) and the kinds of materials used: Timber exteriors were banned. The new buildings were to be constructed of brick and stone

In February 1667 the Fire Court began sorting out the

remaining disputes. The final Bill for the rebuilding of London came before parliament on February 8, 1667: The grid-patterns and grand avenues, the round-points, and terminations to vistas, the architectural reorientation of the city as a modern mercantile capital had all gone. The only element of Wrens's scheme that was implemented was the canalization of the river Fleet, which had also been part of Evelyn's proposal.

130 years later, however, Wren's ideas were given concrete expression on the banks of the Potomac, when Thomas Jefferson and Pierre L'Enfant borrowed heavily from his engraving when laying out the new Federal capital of the United States in what was to become Washington DC.

That Wren's ideas did not become reality was also due to lack of money, caused by the second and third Anglo-Dutch Wars of 1665-1667 and 1672-1674. The second Anglo-Dutch War saw the audacious surprise raid on the midway when in June 1667 the Dutch attacked the English fleet in its home harbour at Chatham: It was the "most humiliating defeat suffered by British arms" in the words of Charles Boxer. The rebellious atmosphere in London forced Charles II to sign the treaty of Breda.

The complex land ownership issues in London prevailed. London's buildings were rebuilt on their original plots but using brick and stone instead of timber. The rebuilding took over ten years with Robert Hooke, as the surveyor of works, and with Sir Christopher Wren re-conceiving and building the new St Paul's Cathedral as well as fifty new churches as well as the Royal observatory at Greenwich.

This period also witnessed the birth of the British overseas empire in the West Indies and in India. During the second Anglo-Dutch War, James Stuart, the Duke of York, had seen the Dutch settlement of New Amsterdam in North America conquered and renamed New York in his honor. He named the borough of Queens in honour of Queen Catherine of Bragança. James Stuart also became the governor of the Royal African Company which in 1660 was granted a monopoly of English trade with the Africa coast.

The Royal Africa Company traded initially in gold from West Africa, but very soon it found trading in slaves with the new English colonies in North America and the west indies, the island of Jamaica in particular, seized from the Spanish in 1655 much more profitable. 187,697 enslaved Africans were transported to the English colony in the Americas in 653 company owned ships between 1660-1731: Many of the enslaved Africans branded with the initials DoY for the Duke of York, or RAC for the Royal Africa company. The East India company also expanded its operations in India.

This period saw the establishment of the Bank of England and emergence of state debt and finances. The emergence of the great commercial companies: The East India Company and The Royal Africa Company.

The Royal Parks, Hyde Park and St. James Park in London were also opened to the public and became popular public spaces.

Charles II founded the Royal Society. The Royal Society began life as the Royal Society of London for improving natural knowledge and had received a royal charter from King Charles II on 28th November 1660. It was the seat of the new sciences and the society's meetings took place at Gresham College. Among its founders was Christopher Wren, Robert Boyle, and John Wilkins. During the great fire it moved to Arundel house and returned to Gresham

College in 1673. Sir Isaac Newton became the President of the Royal Society in 1703 until 1727.The Royal Society moved to Crane Court of Fleet Street in 1710,

Isaac Newton was the great English polymath, mathematician, physicist, astronomer, alchemist, and theologian, who was a key figure in the Scientific revolution and the Enlightenment. He is said to have observed the apple falling from a tree in the garden, which inspired his work on gravitation, while he was staying at Woolsthorpe Manor in Lincolnshire to avoid the great Plague of 1665-66. At Trinity College, Cambridge University, where he was the Lucassan professor Mathematics, he had pioneered work on gravity and optics. His *Philosophiae Naturalis Principia Mathematica* (Mathematical Principles of Natural Philosophy) first published in 1687, contested many previous results and established classical mechanics

Newton had arrived in London in 1696 when he was appointed the Warden of the Royal Mint and three years later he was appointed Master of the Mint, a position he held for 30 years. The gold for the gold coins came from Africa and from Brazil via Portugal and was a key component of Anglo-Portuguese trade during the 18th Century. Although he lost all of his investment during the South Sea Bubble he died a rich man as he received a fee on every gold coin minted by the Royal Mint at the Tower of London.

In the 1670s the only English precedent for a classical parish church was Inigo Jones's St. Paul's Covent Garden, an uncompromising temple consecrated in 1638. Its powerful simplicity was not to Wren's taste. Under King Charles I, the 5th Earl of Bedford had converted his estate into the first ever experiment in urban planning in London. In 1630 he commissioned Inigo Jones to create the first vast Italian style piazza, a public square which became a fashionable residence for members of the London aristocracy and ambassadors.

But after the great fire of London the great piazza of Covent Garden became the location of a market for fresh fruit and vegetables. By the 18th century the area became notorious for its brothels, coffee houses, and raucous taverns. The early 18th century, however, witnessed a revival and publication of the plans and designs of Inigo Jones and a renewed interest in his buildings, the Banqueting Hall on Whitehall, the Queen's House in Greenwich, and in his designs for the Covent Garden Piazza, as well as his design for the new Royal Palace that King Charles I had planned for Whitehall.

King Charles I had met his end when he was beheaded on a platform constructed for that purpose outside Inigo Jones's Banqueting Hall in Whitehall, a fate well remembered by his son King Charles II. The Oxford anatomist, William Gould, told Hans Sloane (1660-1753), Newton's successor, and the long-term President of the Royal Society, in January 1681: It was a time of "troublesome, jealousies, fears, plot & counterplot" that left England an "unsettled and tottering nation."

Yet the period had seen major and long lasting changes: the catastrophe of Civil War and the Stuart restoration, the establishment of the royal society and the scientific revolution, the rise of empire in the West and East Indies, and the rise of the slave trade and the sugar colonies in the Caribbean, the emergence of the banking system and the policy of mercantilism, the introduction of classical architecture and town planning in England by Inigo Jones, in the Covent Garden residential piazza in particular, and the first attempt, thwarted as it was, by Sir Christopher Wren, after the catastrophic great fire, and his attempt to redesign the city of London.[1]

LISBON: THE GREAT EARTHQUAKE OF 1755 AND THE RECONSTRUCTION OF LISBON

After the great fire of 1666, London expanded with the rich moving to the west in new buildings and squares, while the poor moved to the east where the docks and warehouses of the East India Company were located and from where London conducted its burgeoning mercantile trade with its new colonies in the West Indies protected by the navigation acts as well as England's extensive overseas trade with France, the Iberian Peninsula, and the Baltic.

Portugal had a special place in England's overseas trade since as in 1703 the Methuen Treaty was signed which gave special access of Portuguese wine to the English market and gave the English privileged access for English woolen goods to Portugal.

In 1714 King George I, became the first Hanoverian monarch and he was succeeded by George II in 1727 who reigned until 1760.

In this period Hans Sloane exemplified a new era. He was the classic outsider, an Ulster man. That is he was a Protestant who was born to a family who were "planted" in Catholic Ireland during the reign of King James I.

The 'Plantation' of Protestants in Ulster was opposed by the earls of Tyrone and the Ulster Gaelic lords who were displaced as the settlers moved into the northern part of Ireland. The settlers came mainly from the Scottish lowlands and these English speaking Protestants were called 'Planters" in the "Plantation" of Ulster.

Moving to London Hans Sloane became a shrewd resident, a gentleman, and a pillar of the establishment and the physician to an increasingly influential group of Patients. At the age of 27 in September of 1687 he had gone to Jamaica in the West Indies as physician to the Governor, the Duke of Albemarle, and he was to spend 15 months there. His sojourn on the Island provided the materials for the his lavishly illustrated *Natural History of Jamaica* which was published in two volumes between 1707-1725

After Sloane's return to London from Jamaica he became a leading natural historian, botanist, doctor, and tangentially an observer and commentator on race. But his Jamaican experience proved profitable for Sloane. He had complete medical oversight of the Duke of Albermale fleet. He was paid £600 a year with an additional £300 to be paid upfront. Sloan was well aware that planters give a great deal of money for "good servants, black or white" and he was well aware that Jamaican planters would pay well for his medical services and to keep the slaves alive and well. He stopped on the Portuguese island of Madeira on the outward voyage. Madeira wine had replaced sugar as the most lucrative commodity produced on the island and vast quantities were shipped to all the West Indies plantations.

Sebastião José de Carvalho e Mello, the future count of Oeiras and Marquês de Pombal, was the Portuguese ambassador in London between 1739 -1743. He lived on Golden Square. This was part of the expansion of squares (or piazzas) in West London after the great fire which included the St. James Square, south of Piccadilly, which became after Covent Garden deteriorated as the residence of the upper classes, the preferred town residence of members of the aristocracy and ambassadors, just as Golden Square was to the north of Piccadilly.

Lord Burlington's House on Piccadilly was close to Golden Square. The Portuguese Ambassador's Catholic chapel backed onto his residence on Golden Square with its entrance on Warwick Street. The two houses Pombal lived in on Golden Square survived the London Blitz during the Second World War, and the Catholic chapel, although it was attacked and burned down during the Anti-Catholic Gordon Riots in 1789, was subsequently rebuilt and is still today a Catholic chapel.

The future Marquês de Pombal while he was in London was elected to the Royal Society, the premier circle of English enlightenment thinkers who pursued policies that reflected greater rationality, practicality and utilitarianism. This also the period during which Lord Burlington was developing his urban buildings in neo-classic style. Pombal's sponsors for membership in the Royal Society were Hans Sloane, the earl of Cadogan, Wm. Stukeley, and Castro Sarmento. Castro Sarmento was a "New Christian" who had fled to London and was now a leading member of London's Jewish community of Bevis Marks, the oldest synagogue in London and he was Pombal's personal physician. The reverend Dr. William Stuckeley was a pioneer archaeologist. Lord Cadogan married the daughter of Hans Sloan and inherited the manor of Chelsea. Since this is where the rich of London now migrated to the new squares and elegant urban housing, his property there made him one of the richest landholders in the county (and his family still is).

Pombal's posting to Vienna as the Portuguese ambassador from 1745 until 1750 was also a critical influence. Here he became a close friend of the Duke Silva Tarouca, an aristocratic Portuguese emigre who had risen high within the Austrian government and was the confidant of the empress Maria Teresa. Pombal also married in Vienna the daughter of General Daun. His Austrian marriage put him in good stead in Lisbon. He was recalled to Lisbon on the death of King João V by the queen dowager, Maria Anna of Austria, where he entered the Portuguese government as the secretary of state of foreign affairs.

"Such a Spectacle of Terror and Amazement, as well as the Desolation to Beholders. As perhaps had not been equalled from the Foundation of the World." Thus, an English merchant writing from Lisbon to a friend on November 20th 1755 described the "Late dreadful Earthquake which had left the Portuguese capital in ruins.

Many were not slow to attribute blame for the catastrophe. It was retribution for past and present sins. This was the view of the Jesuit Father Malagrida. Voltaire did not help. There was little in Portugal that he approved of. The country formed the perfect butt for his digressions on superstition and irrationality. Voltaire often returned to Portuguese topics in his writings, and not only and most famously in Candide.

Lisbon is situated on the northern shore of the estuary of the Tagus River. In 1755 the ceremonial and commercial heart of the city was centered on the Royal Palace built directly on the waterfront. On the eastern side of the palace was a large open palace square (Terreiro do Paço). Merchant and retail houses stood along a series of jumbled alleyways and narrow streets constructed over alluvial landfill between steep hills. The other urban axis was inland to the north, a large public square called the Rossio. Lisbon was a great port into which flowed the spices of the far east, pepper from India, porcelain and silk from China, and sugar, diamonds and gold from Brazil.

The royal Palace with its four-storied tower built by

Philip II when the crowns of Spain and Portugal were united under him, literally abutted the Tagus estuary and the House of India, the customs House, and the Royal Shipyard.

In the minds of eighteenth-century enlightenment thinkers in northwestern Europe, Portugal was a nation locked in obscurantism. The best-known images of Portugal were of the burnings at the stake, the so-called "Acts of Faith." Some 45,000 people were investigated by the Portuguese Inquisition between 1536 and 1767 and several thousand of them condemned and burned prior to the earthquake.

The great Earthquake occurred on All Saints Day, November I. 1755. The scale was probably the equivalent of 8.5 to 9 in magnitude in the Richter scale, or possibly 9.1 on the moment magnitude scale (Mw). Shortly thereafter a tsunami, a towering tidal wave, very rare in the Atlantic Ocean, hit Lisbon. Then an immense fire took hold and consumed much of the ruined city.

The first tremor occurred about 9:45 am. Many were attending mass as the buildings toppled on the congregations. "I could hardly take a step without treading on the dead and dying," an eyewitness recalled. The origin of the 1755 earthquake (the hypocenter or focus refers to the point where the earthquake occurs, and the epicenter refers to the point on the surface of the earth or sea directly above the hypocenter), lay several hundred miles off the southeast coast of Portugal along one of the faults that marks the boundary separating the African and Eurasian continental plates.

A 150-600-kilometer-long segment of the fault thrust upward for as much as 10 meters releasing an enormous amount of energy, at least three times more powerful than the volcanic eruption of Krakatoa. It was the most powerful earthquake to strike the continent of Europe in recorded history.

The destruction was enormous: Some fifty-five convents and monasteries were severely damaged. The riverfront quay sank and disappeared, and the Royal Palace was destroyed. Over 15,000 people were killed. The British consul wrote to London on December 13, 1755: "The part of the town towards the water where the Royal Palace, the public tribunals, the Custom house, India House, and where most of the merchants dealt for the convenience of transacting their business, are so totally destroyed by the earthquake and by the fire. that it is nothing but a heap of rubbish, in many places several stories high, incredible to those who are not eyewitnesses of it."

The earthquake caused widespread damage elsewhere in Portugal and was felt as far away as Venice and Southern France and also reached Morocco and northern Africa.

But it was Lisbon that bore the brunt of the disaster. The tidal wave and the fire had destroyed much of the central part of the city between the Rossio and the Palace square. The alluvial soil had likely liquified. The hills on either side of the Baixa, both to the East and to the West, were less affected. and the buildings along the estuary toward the Atlantic – where the royal family was in residence in their summer Palace at Belém – survived with less damage.

But the newly constructed patriarchal church was destroyed as was the new Opera House which had been inaugurated only a few months before on the 30th of March the birthday of the Queen. The first opera was "Alessandro nell'Indie" by David Perez and the magnificent sets were designed by Giovanni Carlo Sicini Bibiena. The damage suffered by the Opera House and the Patriarchal Church as well as other principal buildings in the city was documented in a series of engravings by Jacques-Phillipe Le Bas in 1757.

The scale of the earthquake shocked Europe, In Britain George II asked the House of Commons to provide "speedy and effectual relief" The Commons responded allowing the treasury to appropriate £100,000 in specie, provisions and tools.

An earthquake had also occurred in Massachusetts on the 18th November 1755 east of Cape Ann. In Boston most of the damage occurred where buildings had been constructed over landfill near the wharves. John Adams, who was at Braintree, wrote in his diary that "The house seems to rock and reel and crack as if it would fall in ruins."

Professor John Winthrop in his lecture on earthquakes read in the chapel of Harvard College on November 26th, 1755, noted with approval the work of the "very ingenious Mr. Franklin of Philadelphia".

The most notorious reaction came from Voltaire. In his "Poem on the Lisbon Disaster or an Examination of the Axiom All is Well", Voltaire took a very pessimistic view of what had happened:

"Oh, miserable mortals! Oh, wretched earth!
Oh, dreadful assembly of all mankind
Eternal sermon of useless sufferings!
Deluded philosophers who cry, 'All is well.'"

Rousseau, shocked by what Voltaire had written, asserted the natural cause of such catastrophes and protested to him in a letter: "Would you have preferred that this earthquake had taken place in a desert rather than in Lisbon [...] does it really mean that the order of the natural world should be changed to conform to our caprices, that nature must be subject to our laws, and that in order to prevent her from causing an earthquake in any particular place all we need to do is build a city there?"

In Lisbon the reaction was more prosaic and practical. The King of Portugal, Dom José I of Bragança and his wife Maria Anna Victoria de Bourbon, a Spanish infanta, had never shown much interest in government, preferring hunting and the opera. The King was utterly and completely paralyzed and terrified by the earthquake, even though he had been at Belém, well to the west of the center of the city when the shocks and tidal wave occurred, Dom José was so frightened that for the rest of his life he refused to sleep on any building built of stone. The royal family moved into the gardens of Belém palace, and later moved into a canvas and wood barrack, a barraca real, on the of hill of Ajuda. The first actions of Sebastião José de Carvalho e Mello, the future Marquês de Pombal, was to bury the dead and to impose order.

The scale of the destruction was such that the removal of bodies became essential to prevent the spread of disease and plague. Pombal persuaded the Patriarch of Lisbon to give permission for the bodies to be collected, put in boats, and sent out into the Atlantic, and dropped into the Ocean without funeral rites.

He brought in troops from the hinterland to contain disorder. He also gave magistrates the power to act instantly, in cases of murder and looting, and they acted expeditiously. According to one eyewitness report, there were soon about eighty gibbets set up throughout the city where those caught looting and committing other crimes were summarily hanged.

Pombal's immediate and draconian response was

encapsulated in the famous phrase attributed to him: "bury the dead and feed the living."

In his singularly spidery handwriting, he gave his own account of the three immediate priorities: The first was to dispose of the dead in order to avoid disease; the second to feed the survivors, and to achieve this and to deter speculators he imposed ceilings on the price of bread; and third, to impose public order.Pombal's reaction was swift and effective. It was later summarized with the texts of decrees in a compilation. These *Providências* include the immediate collection and disposal of corpses, the avoidance of food shortages, attention to the sick and wounded, temporary price controls of essential foods, and the planning for the reconstruction of the city.

It is sometimes claimed that Pombal was not responsible for these measures and claimed credit for them afterwards.

But in the Pahla collection in the Houghton Library at Harvard there is a handwritten draft of a decree written at Belém on November 3rd, 1755, three days after the earthquake, as well as a decree in his hand. This decree is printed in the providências volume also in Haughton Library. I have donated a copy of the providências to my collection of books and Portugal and Brazil at the Library of St. John's College, Cambridge University.

The fact that the destruction of Lisbon offered great opportunity to urban planners was not lost on one ambitious young Scottish architect Robert Adam (1728-1791). In Rome at the time (1754-58). Robert Adam saw the earthquake as "Heavenly judgement on my behalf." He aspired to be the royal architect of Lisbon and produced sketches of what he thought the newly constructed Lisbon should look like based on the Bernini's Piazza before Saint Peter's in Rome.

But Robert Adams theatrical Baroque extravagance was not what Pombal had in mind. He was thinking of the new Lisbon as a more modest, practical, pragmatic, healthy, neo-Palladian commercial city. Pombal did not call on Italian, Austrian or French architects as the Portuguese had done so often for their great public buildings during the first half of the eighteenth century. Much less did he set up an international competition as the ambitious young Robert Adma had hoped.

Pombal instead immediately brought in Portugal's own military engineers. Three in particular were to play key roles: Manuel da Maia (1677-1668) who in 1755 was almost 80 years old, the chief military engineer of the country and who had been the tutor in mathematics and physics to the heir apparent, Dom José, now the King; Eugenio dos Santos, (1711-1760) who was in his mid-forties, and a colonel in the engineering corps; and Carlos (Karoly) Mardel (c.1695-1763) a Hungarian emigre in his late fifties who had served in the Portuguese military engineering corps since 1733, when he came to Portugal to work on the Lisbon aqueduct, which had survived the earthquake, under Manuel da Maia's supervision

All three men were experienced professionals, accustomed to overseeing the construction of large-scale civil and military buildings and fortifications and the management of resources and manpower. Pombal gave to Manuel da Maia the job of drawing up what he called a "dissertation" detailing the fundamental issues to be addressed and how these, once defined, might be handled most efficiently.

Pombal meanwhile introduced legislation to prohibit

any building, action, or sale of property before the master plan had been devised. Maia quickly turned in his observation to Pombal on December 4, 1755.

Manuel de Maia's dissertation examined a series of propositions regarding possible options for reconstruction of the city after the catastrophe. These included whether the debris should be used to build up the lowland areas, what size buildings should be in relation to the streets in front of them, and the provision that should be made to accommodate the runoff in lowland areas so as to make construction on landfill free from the risk of inundation at times of tidal flooding.

Maia recommended that any rebuilding should be prohibited until a plan was formulated and approved. He looked at the option of moving the city entirely, whether for example Lisbon should be relocated to the west toward the area of Belém where the subsoil was stronger, and buildings had resisted the earthquake. He argued that the principal streets should be on a grid pattern and designated for commercial purposes. and reflecting the importance of gold and silver in Lisbon's commerce. and that these streets be constructed without covered arches in order to improve security. He cited two models of rebuilt cities he considered important: Turin and London.

In each of these cases he looked back at the rebuilding histories. In Turin the new city had been constructed as an extension or adjunct to the old. In London he examined Christopher Wren's plan for the rebuilding of the city after the great fire.

The key in the case of Lisbon, Maia observed, was that the King had not insisted that the royal palace be reconstructed on its previous site. This was of course because the King was terrified at the thought of spending a night at a palace in an earthquake zone. But this Royal aversion relieved the urban planners of an enormous impediment. If the King was prepared to give up prime real estate, then it would be difficult for anyone else to refuse to do so.

Maia's plan was quickly approved locating the rebuilding of the city on its previous site and avoiding what had happened in London, where despite Wren's ambitious plans, property rights and old street lines were not superseded. With the general principles elaborated six detailed projects were drawn up, some less radical than others.

In the end it was the most radical grid pattern that was approved and adopted, the fifth plan drawn up by Eugénio dos Santos and Carlos Mardel. This involved a total reinvention of the city's core with a complete overriding of the previous street patterns and property rights.

The plan substituted the old royal square with a new square of commerce. The Praça do Comércio, this waterfront square was to have identical buildings on three sides with ground floor arcades and double pilasters. The north side was broken by a triumphal arch. Two three storied pavilions of pedra loiz (a pseudo marble limestone long used in Portugal), one pavilion of which was to house the merchants exchange, and these were to be anchored on the east and west arcades on the river side. The arcaded façades also made use of the contrast between the white pedra lioz used for the standardized stone window frames and the coloured plastered walls. The art historian Robert Smith, and his chair at Harvard is our sponsor today, wrote that this use of pedra lioz gave "Lisbon a glittering appearance not unlike Venice."

Four main streets, with cross-street set at right angles, ran inland from the Praça do Comércio towards two newly reconstructed parallel squares of identical buildings: The Rossio and the Praça da Figueira. Facing the streets identical four-story blocks were to be built with shops at the ground level. Ocre-coloured walls were framed at each end by wide angled pilasters set flat. The buildings were surmounted by double hipped roofs: A unit of continuous architecture was created at the heart of the city - an area 1,800 by 1,250 feet that according to Robert Smith comprises one of the "greatest uniform architectural undertakings of the age of the enlightenment."

Legislation was passed in May 1758 to provide for the assessment and reallocation of property rights. Geometric measurements were substituted for actual locations so that property owners could be compensated for the land, houses, and old street space reallocated under the new urban plan. Loans were provided to people who needed them, and those who took on new property were given five years to complete the construction of the new buildings. All this was achieved with remarkable rapidity.

The new buildings were to follow standardized uniform dimensions. Most important, they were to be made earthquake proof by means of a pioneering anti-earthquake flexible wooden cage or *gaiola* formed of diagonal trusses reinforcing a horizontal and vertical frame. The reinforced buildings were in turn set on piles made of green pine topped by cross-hatched pine staves and mortar pads. All the buildings in the Baixa were to be constructed in this manner. Each building was provided with a cistern in the back courtyard between the buildings. From here rainwater was directed toward a central cistern under the street. Eugénio dos Santos drawing was presented to Pombal by Maia on 19th April 1756.

The planners of the new Lisbon intended to create a

more sanitary and healthier urban environment. Pombal called on the assistance of a Portuguese "new Christian" then resident in Paris, António Nunes Ribeiro Sanches (1699-1783) s student of the great Dutch chemist, botanist and clinician H. Boerhaave. Ribeiro Sanches had been Pombal's personal physician while he was the ambassador in Vienna. Ribeiro Sanches was employed by Pombal as a paid consultant and Pombal published his thesis on sanitation and the need for light and air in order to make inhabitants of urban areas less vulnerable to disease and illness.

As well as secular property the question of how to treat ecclesiastical landholdings, churches and parishes also had to be settled. Whether to keep the churches in the same place or move them. it was decided that they should be rebuilt in new locations appropriate to the master plan. More decoration was permitted than for the secular buildings but none of the new Pombaline churches had towers.

The new Praça do Comércio retained a royal presence in the form of a bronze statue commissioned to stand at its center. with Dom José on horseback, the statue inaugurated in 1775 was designed by the court sculptor, Joaquim Machado de Castro (1731-1822) and was based on the monument of Louis XIV (1660) published by Jacques Francois Blondel in *Architecture Française* (1752-1756). The Royal presence was symbolic. The essence of the new square was that it was to be a place of government, of commerce, of the customs house, and of the stock exchange.

Pombal not only gave attention to the central squares and principal streets, but more modest houses were also designed and built as well, creating the first industrial development zones in a European city. Where the great aqueduct terminated Pombal placed his industrial suburb with silk manufactory, ceramic works, and cotton textile mills.

In 1756 a school of architecture and drawing (Casa do Risco das Obras Públicas Reais) was established to produce the blueprints for the new buildings that would stand on the principal squares and streets. The school functioned until 1760 under the supervision of Eugénio dos Santos when he was succeeded by Carlos Mardel. The plans drawn up under the supervision of dos Santos and Mardel – every design drawn – down to the smallest detail bore Pombal's signature. All the buildings were provided with fireproof walls subdividing the roofs. Windows and doors were standardized, and no one was permitted to build in any manner other than according to the approved plans. To prevent monotony subtle variations of door shapes and iron balconies were permitted and Maia recommended that people be allowed the freedom to paint windows and doors different colors in different areas.

This process of rebuilding led to the creation of an extensive infrastructure for the prefabrication of standardized stone facings, uniform ironwork, uniform cut timber for the *gaiolas*, as well as the production of mortar and quick drying cement, glass for the windows, and tiles. As a consequence, the reconstruction of Lisbon was directly linked to the government's aim to stimulate an industrial artisan class in Portugal and thereby aid Portugal's overall economic development.

However, a model for the new Lisbon has been overlooked. Two English merchants in Lisbon were critical collaborators with Pombal in the reconstruction. Both men came from Devon where I now live: William Stephens (1731-1803) and John Parminter (1712-1784). Stephan's who was the illegitimate son of a local vicar, Oliver Stephens (40), and a house-maid, Jane Smith (19), at the Pentillie Castle in Cornwall, where Stephens taught the children in the Churchwardens school. William was sent to Exeter where his mother later married her father, and William was well educated at Exeter grammar school. Stephens had a monopoly from Pombal to provide glass for the new widows. John Parmentier, a merchant in Lisbon, also from Devon, had been ruined by the earthquake, but he managed to market a form of quick drying cement which was used for the coating of the new earthquake proof buildings and received a monopoly from Pombal. A culm act (1758-1773) was passed by the Parliament in London to permit the export of culm to Portugal duty free. Stephens and Parmetier's kilns were located at Alcantara.

But the British influence was wider than this. The late John Harris, the long time curator of drawing at the Society for British Architects looking at the Praça do Comércio in the mid 1960s found it strikingly similar to Inigo Jones designs for Covent Garden published in Colen Campbell's *Vitruvius Britannicus* (1715-1777). In fact an examination of Eugenio dos Santos original design for the north side of the Praça do Comércio bears a striking resemblance to the northern and west sides of Covent Garden, identical apart from the two pavilions facing the river in the case of Lisbon. It is curiously historical irony that Christopher Wren's plans for a mercantile city of London and Inigo Jones plans for Covent Garden should have ended up providing a model for Pombal's commercial center for his own mercantile and practical and stripped down architectural model for the new Lisbon.

The Brazil imperial project was also highly influential in

this period: Pombal reorganized the entire administrative and financial and military organization in Brazil, expanding and protecting the frontiers in the far west and in the Amazon basin, and expelling the Jesuits in the process. Meanwhile in Lisbon he continued with his utilitarian neo-Palladian reconstruction of the city with his Portuguese military engineers. The English military engineer, Colonel William Elsden, had been commissioned to seek culm deposits in Wales for Parminter. Colonel William Elsden, designed the new scientific buildings for the reformed University of Coimbra. William Stephens eventually sold his factories to the Portuguese state in the early 19th century and he retired a very wealthy man. Among his descendants was Stephens Lyne Stephens, the so-called "richest commoner in the realm." He is portrayed in 1858 clutching a wad of bank notes in his clenched fist. But he succumbed to a pretty dancer in the Paris Opera, Yolande Duvernay, who he married. She rapidly spent most of his fortune. Parminter's daughter and niece constructed a unique round house outside Exmouth in Devon which was to be inherited only by unmarried female relatives. It is now a national trust property.

It was the gruesome fate of the Jesuit Father Malagrida and the Portuguese aristocrats who had attempted to assassinate King Dom José, and Voltaire's reaction to it, rather than Ribeiro Sanches thesis on public health for the new city of Lisbon, which consolidated the image of Pombal in the minds of European enlightenment thinkers and writers. The commission of Abbé Francisco Correa da Serra, the brilliant naturalist and co-founder of the Lisbon Academy of Sciences, to write an article on the reconstruction of Lisbon, did not help. His article was written but not published in the *Encyclopedie* because it arrived too late to be included.

So the image of Pombal and Portugal remained that of Voltaire. Though it is also true that Pombaline Lisbon was also not much appreciated by many Portuguese, despite the great works of the art historians, Robert Smith and the Portuguese Art historian, José Augusto França, who interpreted the reconstructed Lisbon as the greatest expression of enlightenment town planning.

But when I was first living in Lisbon in early 1964 many Lisboetas still referred to the Praça do Comércio as the Terreiro do Paço, even though the paço had been destroyed by the great earthquake of 1755. The Praça do Comércio was then used in 1964 as a gigantic parking lot. Pombal's tomb was unvisited, his Lisbon house on the Rua do Século abandoned, and the palace of his brother on the rua das Janelas Verdes had been repurposed as the Museu da Arte Antiga, and the only sign that it had ever been a Pombal residence was the Family coat of arms. located in the stonework high above the staircase leading up from the back garden.

Pombal early on in his career had complained bitterly about his lack of financial resources. He left office, however, as one of the richest men in Portugal, and much of that wealth was based on holdings of valuable real estate in Lisbon.[2]

PARIS: THE RECONSTRUCTION OF PARIS BY NAPOLEON III AND BARON HAUSSMANN.

Napoleon III was the second son of Napoleon Bonaparte's brother, Louis, the King of Holland and his wife, Hortense de Beauharnais. Their first son, Napoleon Louis, had died in 1831, which made Charles-Louis Napoleon the heir apparent. He was to marry Eugénie de Montijo, a Spanish aristocrat in 1853. They had one son, Napoleon Eugene Louis in 1856. Charles-Louis Napoleon was a romantic and at times reckless and adventurous youth, prone to plotting, fruitless coups, and long periods of exile in England, Brazil and the United States, as well as long spells in prison after two spectacularly failed invasions in France.

He was nevertheless elected president of the second French republic on December 10th, 1848. Three years later on December 2, 1851, he carried out a bloody coup d'etat which was overwhelmingly endorsed by a plebiscite organized by his half brother, the count of Morny. A year later the second empire was proclaimed and he assumed the title of Napoleon III. His reign lasted 18 years until he led France into a catastrophic war with Bismarck's Prussia, when he was captured by the Prussians. He was deposed and his regime was replaced by the Third Republic.

Napoleon III was an authoritarian ruler who imposed restrictions on the freedom of the press, assembly, speech and publication. Those who benefited from his rule were the new men of commerce, banking, the builders of railroads. It was an epoch of sudden and gaudy wealth and much corruption, of the expansion of the railway system throughout France, and of overseas imperial adventures in Algeria, Indochina, in Egypt with the Suez Canal, and the imposition by French arms of the archduke Maximilian of Austria as the emperor for Mexico.

But Napoleon III had the vision of a new Paris: A city where housing and sanitation would be better. George-Eugene Haussmann (1809-1891) would be the man to carry this out. For 17 years as Emperor Napoleon III's Prefect of the Seine, Haussmann tore up old Paris, both above and below ground, introduced modernized water and sewer systems, as well as broad and wide avenues lined with standardized uniform buildings known as "Haussmann buildings."

Haussman completely reformulated the city's foundations according to the values of 19th century modernity. 75% of the urban fabric was involved, and the speed of the works which took less than 20 years, created a new, fully planned, and designed city, where the simultaneous creation of city infrastructures and superstructures produced a remarkably effective network. As Franck Boutte and Umberto Napoloitano observe: "This open, evolving system connects the city below and above with its primary raison for this grid system was the improvement of traffic of various different kinds: pedestrians, vehicles, .. and military troops."

But the young artists and writers such as Edouard Manet, Claude Monet, Emile Zola and Gustave Flaubert, and Claude Baudelaire, resisted the empire's restrictions. From his exile outside France, Vitor Hugo (1802-1815) labeled him "Napoleon le Petit". Karl Marx's Communist Manifesto, and his "The Eighteenth Brumaire of Louis Bonaparte" helped frame the reign of Napoleon III. The Communist Manifesto and Marx's "the eighteenth Brumaire of Louis Bonaparte" were both written in response to the revolutionary spring of 1848. Marx's Communist Manifesto rang with its rhetorical force: "A specter is haunting Europe: the specter of communism. The history of all hitherto existing society is the history of class struggle. Proletarians have nothing to lose except their chains... WORKING MEN OF ALL COUNTRIES UNITE!"

Hurriedly written by Marx based on earlier drafts by Engels in the first few weeks of 1848, the Manifesto appeared within days of a general European revolution stretching from the Baltic to the Balkans. Vitor Hugo also had little good to say about Louis Napoleon. His *The Humpback of Notre Dame* (1831) and *Les Misérables (1862)*, reveled in a Paris before the demolition of the old medieval city and its reconstruction, reorganization, and modernisation, as the "city of light" by the emperor Napoleon III and his prefect of the Seine, George Haussmann.

The Haussmann's were Protestants, Lutherans, who had fled Cologne, establishing themselves outside Colmar in French Alsace in the late 18th century where they established a large cotton factory. One brother, the grandfather of the Prefect Haussmann, became a naturalized French citizen and a deputy in the National Assembly. After the Revolution in 1789 he served as a war contractor for the first republic's army in the Rhineland and he retired with a substantial fortune and acquired an estate at Chaville between St. Cloud and Versailles where his grandson, the future prefect of Paris, lived his first seven years. Twice outsiders – as Germans and Lutherans – all the Haussmann consciously spent their lives proving their loyalty to France and to the government of the day.

In 1853 Haussmann received a government courier in Bordeaux from interior minister Victor de Persigny (1808-1872), informing him that Louis Napoleon had personally nominated him to the senior prefecture of the Seine. Pesigny told Louis Napoleon that Haussmann was "..one of the most extraordinary men of our time; big, strong, vigorous, energetic and at the same time clever and devious. He told me all his accomplishments during his administrative career, leaving out nothing: he could have talked for six hours without a break, since it was his favorite subject, himself."

At the first meeting with the emperor, Haussmann was taken to Napoleon III's office where Louis Bonaparte informed the new prefect that he would give him an entirely free hand in his work and that there would be no ministerial intermediaries. Haussmann recalled: "The Emperor was anxious to show me a map of Paris on which he had traced blue, red, yellow and green lines, each color indicating the priority of the work anticipated."

Haussmann grasped the task before him: He was expected to rebuild the entire central heart of the French capital with the demolition and clearing of hundreds of acres of medieval buildings and narrow streets. Replacing them with modern structures and wide boulevards, while introducing an entirely new sewage and fresh water system.

The relationship between the two men of trust and responsibility developed over the next sixteen and a half years. No other person in government was to hold such a position during the second empire. The final product of this collaboration was an entirely new Paris. Napoleon III had outlined his plans for completely transforming the French capital. Plans for which Haussmann would be solely responsible.

The key to the new Paris would be straight, wide, new avenues and boulevards that had to be driven through the medieval passageways and tenements. Thousands of properties would have to be condemned and razed. The process which included the seizure of private property based on the right of eminent domain, would be confirmed by a newly established legislature with its new president, Auguste de Morny. Charles Auguste Louis Joseph, Count of Morny, (1811-1865)

The Count of Morny was the openly acknowledged illegitimate son of one of Napoleon Bonaparte's favorite aides de camp, General Charles Joseph, Comte de Flahaut, Morny's mother was Hortense de Bauharnais. Hence, he was the half-brother of Napoleon III. The count of Morny's father was the illegitimate son of prince Charles-Maurice de Talleyrand (1754-1838), the great survivor of French regimes from the French Revolution, Napoleon, the Bourbon King Louis XVIII, and King Louis-Philippe, and his mother was the countess Adelaide de Flahaut. Morny, like-Talleyrand, when it came to highly lucrative financial propositions, as Alan Strauss-Sconn writes: "All scruples and professional banking loyalties were abandoned with utter destain."

Máxime Du Camp observed: Auguste de Morny "traveled through life effortlessly, a spoiled child of fortune." Morny was the grand "facilitator" in return for enormous "compensation" often thanks to his half-brother's cooperation, though his double-dealing led to a break with the Pereire brothers, Emile and Isaac. But the financiers and industrialists and the Bourse had to deal with Morny while he was the president of the Corps Legislatif and controlled the imperial decrees and legislation affecting the Bourse and finance.

The Paris tenements were a source of debilitating illness. Cholera was responsible for 30,000 deaths between the 1830s and 1860s. Large portions of the old city were cleared and replaced with new structures, with access to fresh air, running water, and underground sewers. The funding for these vast schemes was provided by the parliament, the prefecture, and the municipality of Paris. Construction companies were obliged to complete their work within a specific time frame or risk forfeiting the substantial bonds (cautions) they were required to deposit with the city.

To begin the new network of avenues required modern gates to the city: The new railway stations were to link with one another and to the center of the city and to the government buildings and administrative center of the empire – the Tuileries, the Élysée Palace and the château de Saint-Cloud. Haussmann wrote: "It is the duty of the Chief of State to have the reins of the capital's administration at his fingertips." As part of this plan, the Ministry of the Interior - responsible for the counties prefectures and police - would be moved immediately to the building directly opposite the entrance to the Élysée Palace where the Emperor Louis Napoleon spent more and more time.

Perfect Haussmann's first task was to divide the city into four sectors by completing the work on the rua de rivoli from the east to the west, from the place de la Concorde to the place de la Bastille. The need to remove the hill and graduate the site for the Boulevad's extension led to the development of the technique of triangulation which was then used and became an invaluable weapon in public works to map out the whole city. On the other side of the Concorde, the Champs-Élysées would continue westward towards the Round Point – the Arc de Triomphe – a new avenue, later to be named the Boulevard de Sebastopol driving a straight line as far as the Porte de St-Denis from where it would continue as the Boulevard de Strasbourg right up to the Gare de l'Est.

The new Boulevard St-Michel would extend from the Pont de St-Michel right through the Latin quarter. Several large Junctions would be created from which major avenues and boulevards would emerge. By far the biggest and most impressive was the L'Étoile, personally designed by Haussmann with twelve thoroughfares shooting out like the spoke of a wheel. The Champs-Élysées ended here. Haussmann commented that: "This beautiful ensemble I certainly consider to be one of the finest achievements of my entire administration."

Each avenue was built by a separate company. A law passed in 1852 allowed for the large-scale application of the right of eminent domain. A declaration of utilité publique. The seizure of private property of a public purpose. The expropriation of houses, shops, apartment buildings to be demolished and then cleared away. Each construction company was obliged to deposit a substantial bond or caution with the city to ensure full compliance. In 1858 prefect Haussmann created the Public Works Treasury of Paris which allowed him to speed up the process by issuing Bonds, or script, IOU's drawn on this fund.

Haussmann relied on private investment and made the investment properties the generic Parisian building. In its most common variant the Haussmann building ranges from five to seven floors, depending on the street it faces. The ground floor has a business which faces the street and a doorman's booth if it is located on a residential street. Above this is the mezzanine. The second story has the highest ceilings as well as a balcony. The third and fourth floors have an identical, slightly lower ceiling. The fifth floor has a balcony. The sixth floor, often the top floor, has the lowest ceiling height and houses the servants' quarters under the eaves.

Haussmann usually attended the sale of the lots and signed the deeds. The contracts specified "changes, clauses, and conditions...The houses within each block must have the same floor heights and the same principal facade lines, facades must be in cut stone with balconies, cornices, and moldings, the building height facing the courtyard may not exceed that of the facade facing the street." The construction system was simple and clear and the stone used was from the Paris subsoil. The building structure consisted of load bearing walls which support the floors and the core of the bracing system. The stone used was the light limestone with a blond color from the Paris region, and the roofs were clad at a 45% angle in grey zinc.

With the completion of the boulevards there was a greater need for public transportation. Haussmann licensed taxis, horse drawn fiacre, and omnibus concessions. Contracts were issued for the laying of underground gas pipelines and by 1870, 33,000 new gas outlets for street lights, public buildings and private homes. The London which Louis Napoleon had so admired and attempted to imitate was now being overshadowed by a modern, new, spacious Paris. Paris has since the 18th century been known as the city of light. This referred to its leading role in the Enlightenment. But with thousands of gas lights Paris became in fact, as well as in theory, a "City of Light."

To provide clean drinking water Haussmann undertook major engineering works to bring in water by new aqueducts and artesian wells. Extensive new underground sewage canals were constructed and on his instructions many schools were modernized or enlarged, including the Sorbonne, the faculty of Medicine. Napoleon III also appointed Prosper Mérimée as the first Inspector general of Historical monuments. Haussman had the Hôtel de Ville refurbished. Here Haussmann and his wife hosted spectacular masked balls and diplomatic receptions, including for Queen Victoria and Prince Albert during their visit to the first Exposition Universelle in 1855.

In 1861 the prefect of the Seine broke ground for Charles

Garnier's new Opera House. All the grand railway stations were erected, and the first telegraph was installed throughout the country. Les Halles market designed by Victor Ballard, the city architect, was constructed in cast iron and glass produced on an industrial scale. A technical innovation also used in the construction of the church of St. Augustine, built between 1860 and 1871, also designed by Victor Baltard, and Haussman's fellow Protestant, which combined a cast iron frame with stone construction and supported the largest dome in Paris. The Saint Augustine church was intended to be the final resting place of Napoleon III and was designed to be a highly visible landmark at the meeting of two boulevards.

In the Second Empire, however, everyone had his price. But this was not new. The staggering bribes received by the foreign minister, Prince de Talleyrand, of the first Napoleon, was the talk of every European capital. The count, later duke de Morny, continued this tradition. The bankers, the banking Pereire brothers, Jews of Portuguese origin, from Bordeaux, and the Rothschilds, competed for the loan business of Napoleon III's empire. After the Congress of Paris in March 1856 which brought to a close the calamitous Crimea War, where Morny had been an outspoken opponent of the Crimean War, and Morny's latest financial shenanigans in the financial markets,

Napoleon III, needing to distance from his half-brother, sent him on a mission to Russia. Morny was surprisingly successful. In 1856 he married a beautiful 17 year old princess of the royal family, Sophie Troubetzk. Tzar Alexander attended the marriage on January 19,1857, and provided the bride with a 500,000 cash dowry. Morny's long term mistress in Paris, the fifty-three year old Countess Fanny Le Hon, was incandescent with rage. Furious, she threatened Napoleon III that she would reveal all of their shady dealings she knew about. The emperor summoned the prefect of police who sent inspector Griscelli to Fanny's mansion on the Champs-Élysées to seize all the potentially incriminating papers.

Meanwhile rail construction, enormous property transactions, iron and steel manufacturers provided the rails and engines, coal and iron mining was stimulated by the new railways. Foreign English and German investors were taking advantage of the booming stock market, New financial institutions emerged. James de Rothschild surpassed the Pereires with new investment funds. The government created the first mortgage banks. The Crédit Foncier de France financed real estate, and Crédit Industriel et Commercial was the first Bank to accept deposits from private individuals. Napoleon III combined the ministries of agriculture, commerce and public works into a super ministry, and in the 1860's introduced new legislation to create the first societes anonymes which launched the great public banking institutions: The Banque de Paris, Crédit Agricol, Société Générale, Crédit Lyonnais.

The Pereire brothers created a luxurious new quarter in Paris, the Parc Monceau, with new mansions, including one that Fanny Le Hon moved to from the Champs-Élysées.

The Pereire brothers also built the Grand Hotel du Louvre for the opening of the 1855 Exhibition, and their eight hundred room Grand Hotel de la Paix opposite the place de l'Opéra. They also developed Arcachon, a holiday seaside with villas, squares, and boulevards, and a casino, on the Atlantic coast in 1857 with a railway connection to Bordeaux. With sea breezes, sand dunes and pine forest it became a favorite health spa for the wealthy. Auguste de Morny also created a city of Deauville on the English Channel, complete with luxury villas, a casino, restaurants, and a racecourse named after him.

Napoleon III had been thinking of creating large parks and dozens of green "squares" and Haussmann had to deal with the complicated engineering problems of attempting to duplicate Hyde Park and its serpentine lake in Paris. Napoleon III has spent one of his early exiles living in London's Mayfair, close to Hyde Park and St James Park, and he wanted Paris to have green spaces open to the public as well. Haussmann brought in Jean Charles Alphand, a senior engineer and the former head of the department of bridges and highways in Bordeaux to oversee the project. The attempt to duplicate the serpentine in London's Hyde Park had to be abandoned and instead two lakes at different levels were constructed.

Additional roads were built, and extensive flower gardens. Tens of thousands of new trees were planted across the Bois de Boulogne's 2,090 bucolic acres created on land transferred to the city of Paris in 1852, and the parkland was completed by the acquisition of the Plaine de Longchamps. The Jockey Club leased the land on the condition it created a racecourse and sables. Longchamps became a prime racetrack much to Morny's delight. Haussmann next transferred the Bois de Vincennes the municipality. Louis Napoleon's desire for a greener Paris was realized.

But the expenses escalated. Large scale loans, in the form of bonds, were essential. Neither the Emperor or Haussmann wanted to raise taxes. The Legislature stalled on the loan in 1858 holding it up until 1860. In 1865 a new loan was reluctantly approved. The expenses involved the development of the Parc Buttes-Chaumont in northeastern Paris in an old quarry which had provided stone used in many of the new buildings, and the beginning of the forty-acre Parc Montsouris on the city's southern edge with landscaped lakes and water features.

Haussmann also demolished the Hotel-Dieu immediately south of Notre Dame on the Île de la Cité. Half of the buildings on the Île de la Cité were demolished. The two bridges connecting the island were completely rebuilt. The space in front of Notre Dame was enlarged. Haussmann wanted to remove the Hotel-Dieu entirely but the emperor objected, and the hospital was moved to the other and wider side of the island. By the late 1860s the population of the Île de la Cité had fallen from 25,000 to 5.000 and it had become an administrative center with the refurbished hotel de Ville the seat of the prefecture.

Haussmann reorganized and expanded the boundaries of Paris incorporating the suburban areas and establishing the new organization of the Paris arrondissements. In 1860 the suburbs of Paris were annexed around the city. From twelve arrondissements it grew to twenty. Haussmann enlarged his plans with new boulevards that would connect all the arrondissements with the city center. City taxes were levied on the new areas beginning on January 1, 1860. In 17 years 600,000 trees were planted. Haussmann developed a city office where garden fences, newspaper kiosks, public urinals, and lampposts were designed, and the decorative bandstands for the 27 parks and squares which were installed throughout the city.

Haussmann, however, who came with little left with little. He was irritatingly honest, though he became the ideal target for Luis Napoleon's enemies. And there were many. After Morny's death in 1865 Haussmann became the target of increasing attacks on his probity. He was responsible for many hundreds of millions of francs annually and he was the man who made the ultimate decisions.

In 1867, Napoleon III weakened politically and in very poor health ordered Haussmann to resign. Haussmann resisted, but in January 1870 he was dismissed. By the time Haussmann was removed from office he had overseen the demolition of 19,722 buildings which had been replaced by some 43,777 new structures, all with running water and sanitary facilities. He designed and oversaw the construction of 95 kilometers of new gas lighted streets. He had never taken a single bribe. Nor had he speculated on or owned a single property. He had overseen the expenditure of the equivalent of more than $32 million dollars: All was properly accounted for down to the last centime. His pension was suppressed after the fall of the second empire. He did not retire as a rich man.[3]

CONCLUSION

"Hegel remarks somewhere that all great world-historical events and personages appear, so to speak, twice. He forgot to add: the first as tragedy, the second as farce." Karl Marx was speaking of Napoleon the First and Napoleon the Third. Otto von Bismarck was even more condescending about Louis Napoleon's rule. Bismarck had spent 1861 as the Prussian diplomatic envoy in Paris when he had sought to understand the city and country. He observed: "Viewed from a distance it seems very impressive. Close at hand, you realize it is nothing."

Historians have not been kind to the memory of Napoleon III. On March 1, 1871, Kaiser Wilhelm I, Bismarck, Moltke and the Prussian army concluded their victory with a grande parade of 30,000 troops down the Champs-

Elysees from the Arc de Triomphe. Napoleon III had led France into the disastrous Franco-German War of 1870-71. An offensive by superior Prussian troops led by General Helmuth von Moltke had encircled the French army of the Rhine led by Achille Bazaine at Metz. Bazaine was a professional soldier who had led the French army in Mexico, having previously served in Algeria and Spain and during the Crimean War: He surrendered.

On September 1, 1870, General Patrice MacMahan's French army also capitulated to the Germans at the small northwest town of Sedan. MacMahon had also served in Algeria. On September 2, 1879, Napoleon III left the South Gate of the Sedan. He awaited the arrival of Bismarck. Bismarck told Napoleon III that only Moltke was empowered to answer any question, Louis Napoleon explained that he was there in his personal capacity and not as the ruler of France and that he could surrender himself and the army of Châlons, A few minutes later the King of Prussia arrived on horseback and the prince royal. The entire army of Châlons now surrendered, some 90,000 men, along with Marshall McMahon. Louis Napoleon was informed that he would be imprisoned at the palace of Wilhelmshöhe near Cassel.

The Empress Eugénie regent in her husband's absence, was abandoned On the 4th of September the Tuileries Palace was surrounded by an angry mob of 200,000 men and women. Only Austria's Ambassador, Richard von Metternich, and the Italian Ambassador Constantine Nigra, stayed with her. Nigri hailed an open one-horse fiacre on the Rua de Rivoli and finally reached the mansion of Louis Napoleon's American dentist, Thomas Evans, on Haussmann's recently constructed Avenue l'Imperatrice (now the Avenue Foch). From there in Evans closed Landau they made for Deauville where the Empress Eugénie embarked on the English yacht for Rye. By the end of the month Evans had rented the small Georgian mansion of Camden Place in Chislehurst, Kent, a few miles southeast of London, where she was joined by her fourteen year old son, who had been sent previously to England by his father.

Baron Haussmann left Paris for Bordeaux as the empire collapsed. When Bordeaux appeared to be unsafe he crossed the border into Italy using an assumed name and false passport. He would remain there until it was safe to return to France. The Rothschilds also found their lives disrupted and Prussians occupied their family chateau at Ferrieres. Bismarck took special and malicious pleasure in occupying the Jewish owned chateau. Paris capitulated to the Prussians in January 1871. A preliminary peace was signed at Versailles. France lost Alsace-Lorraine, was obliged to pay a war indemnity of five million francs by September 1875, and eastern France was to be occupied until the final payment was made. On 18th of January 1871 in a lavish ceremony held in the Hall of Mirrors a unified German Kingdom was declared, not in Berlin, but in Versailles.

Victor Hugo called 1870-71 "The Terrible Year." But he left for Brussels. During the siege of Paris "It is no longer a city. It is a fortress, and its squares are nothing more than parade grounds" wrote one resident. The Tuileries stables and gardens were now a vast military park. The unfinished Opera Garnier was a military depot. National Guard officers were billeted in the Bourse. High points, including the Arc de Triomphe, became semaphore stations. Sex workers were moved into workshops to sew uniforms. The Palais-Royal and the Grand Hotel du Louvre became hospitals. Balloon flights offered hope. Two or three balloons were launched each week. Then carrier pigeons were used. The Gare d'Orleans (now the Gare d'Austerlitz) and the Gare du Nord were commandeered by the postal service, and converted into balloon factories. On I January 1871, Moltke ordered his Prussian forces to lob 300-400 shells a day from his Krump cannon into Paris. It was the first time in modern warfare that the civilian population had been indiscriminately bombed.

Paris was to suffer two military and political disasters in one year. The Paris Commune began in reaction to the order by the French National Assembly meeting at Versailles under which Adolph Thiers had attempted and failed to seize the 200 canon of the national guard on the hill of Montmatre. The soldiers refused. Two generals were assassinated and their bodies urinated on. Thiers appointed Marshal Patrice MacMohan, who had surrendered the French army at Sedan, to lead the Assembly's troops. Bismarck allowed the French army to grow to 170.000 by releasing imprisoned French soldiers

Paris was again besieged. Executions began on both sides and barricades were erected all over the city. The Communards established strong points with cannon at Montmartre, and at the Pantheon and Trocadero. George Clemenceau, the mayor of the 18th arrondissement, said: "We are caught between two bands of madmen: those who sit inVersailles and those who are at the Hotel de Ville." The Archbishop of Paris, Monseigneur George Darboy, was seized and imprisoned. Provincial France was strongly Catholic. The communards regarded the church as corrupt and avaricious. On April 18, 1871 Karl Marx was commissioned by the General council of the International to write a pamphlet on the commune.

In May the Tuileries Palace, where Napoleon III and the

Empress Eugénie had lavishly entertained their guests was occupied, Thiere's mansion was looted, and the Grand Hotel du Louvre was stripped of its food, alcohol, tobacco, tables and furnishings. Summary executions were commonplace.

130,000 Versailles troops entered the city. Jules Bergeral had stacked dozens of barrels of gunpowder under the central dome of the Salle des Marechaux of the Tuileries Palace. He ignited it. The dome was blown away and the palace was consumed by fire in a roaring inferno.

Archbishop Darboy was brought before a firing squad with six other priests. The firing squad failed three times to kill him and the coup de grace was carried out by pistol and bayonets. His body and that for his companions was dumped into an open pit in the Cimetière du Père-Lachaise. 20,000 to 30,000 Communards were killed. Karl Marx said later that: "Thiers was the real murderer of Archbishop Darboy." The last resistance took place at the Cimetière du Père-Lachaise. 147 Communards were shot there and buried in a communal grave. The body count of the Commune dwarfs that of the Reign of Terror during the French Revolution.

Napoleon III and Baron Haussmann's great enterprise in Paris had ended in catastrophe.The Chateau de Saint-Cloud was also destroyed during the Franco-Prussian War in 1870. It had been the site of Napoleon Bonaparte's coup d'etat which overthrew the French Directory in 1799: it was the location of the 18 Brumaire.

So what can we say at the end about all this? About the reconstruction of London, of Lisbon, and of Paris?

On the fifteenth of January 1873, the coffin of Louis Napoleon Bonaparte was placed on a hearse outside Camden Place in Surrey, England, where he had gone into his last exile after having been captured by the forces of Bismarck and the Prussians There must have been 20,000 persons at Chislehurst, *The London Times* reported. The early morning trains from London had brought down thousands. Louis Napoleon lay embalmed in his uniform of the lieutenant general of the Chambre Ardente with his sword by his side and at his feet a bouquet of yellow immortelles, the favorite flowers of his mother. He wore his own wedding ring and that of Napoleon I on his left hand.

The French government had refused to give any state recognition of his funeral and sent no official representatives – thereby preventing the English government or Queen Victoria and the royal family from participating. The royal standard at Windsor was lowered to half mast, however, as Queen Victoria and the royal court went into mourning for fifteen days.

Later the remains of Louis Napoleon were placed in a handsome sarcophagus donated by Queen Victoria. The royal banner from Windsor Castle was suspended over the tomb. Six years later the twenty-three-year-old Prince Louis Napoleon IV, a serving officer in the English army, was killed in a Zulu ambush in South Africa. His coffin was borne back to Chislehurst and placed next to his father.

The French government did not mourn Luis Napoleon's death. The new French Republic would remove Napoleon III and the second empire from France's history, and Marshal Patrice McMahon, in return for surrendering the whole France Army to Bismarck in 1870 would be elected president of the republic.

Prince Edward, the future King Edward VII, then the Prince of Wales, had been devoted to Luis Napoleon since 1855, and had written almost daily to Luis Napoleon on behalf of himself and the Queen. He had been devoted to

Louis Napoleon from the day of their first meeting in Paris during the Universal Exhibition of 1855.

Bismarck and the Paris commune framed the reign of Napoleon III and the French Second empire, just as the uprising of 1848 marked its beginning.

The Imperial projects in Algeria, Indochina, and in Mexico also framed the reign of Napoleon III and of Haussmann's destruction and rebuilding of the new Paris. Karl Marx and Vitor Hugo and Manet and Monet, were to define the historical image of Napoleon III and for many years the reputation of Haussmann's reconstruction of Paris.

But what happened to the men who had attempted to remake London and had remade Lisbon and Paris?

It is ironic that the Prince Imperial, the son of Napoleon III, died in South Africa at the hands of the Zulus.

The Austrian archduke Maximiliano, the emperor of Mexico, was shot by a firing squad of Juaristas (not French soldiers as depicted by Edouard Manet's painting) on a desolate hill outside Oaxaca in Mexico.

Pombal died very ill and in disgrace in exile far from Lisbon in the Portuguese hinterland. After an interrogation commission had arrived to investigate his rule, only to be aborted by Maria I on account, the decree said, of his advanced age and illnesses.

His body was later transferred and buried in the little-visited Igreja da Memória in Lisbon.

The emperor Napoleon III's body lies in a small Abbey founded by his wife close to Farnborough Airport in Surrey and the site of the Farnborough Air shows at Farnborough airport. The Empress died in 1920 and now lies next to her husband and to her son. The Abbey is tended by a small handful of nuns. The Abbey is currently not open to the public.

Christopher Wren lies buried within his great cathedral of Saint Paul's in London.

Inigo Jones lies in the Welsh Church largely forgotten. Though in recent years Covent Garden has become an area of fashion again and culture with the Royal Opera House, and nearby fashionable hotels and restaurants.

The streets of London remain much as they did before the great fire of London when Christopher Wren was denied the opportunity to replan the capital city.

But Lisbon and Paris remain much as the Marquês de Pombal and Napoleon III envisioned them, both reconstructed to reflect modernity, Lisbon rebuilt after the catastrophic earthquake of 1755, and Paris rebuilt between the European wide revolutionary uprisings of 1848 and the catastrophic defeat of France by Bismarck and a resurgent Prussia, the siege of Paris, and the bloody days of the Paris commune.

George Haussmann returned to Paris and spent his final days in rented accommodation on his meager 6,000 franc pension. In his memoirs he writes: "In the eyes of Parisians, who like routine in things but are changeable when it comes to people, I committed two great wrongs. Over 17 years I disturbed their daily routines by turning Paris upside down; and they had to look at the same face of the prefect in the Hotel de Ville. These were two unforgivable complaints." To this day many Parisians still regard him as a crook.

But perhaps Georges Haussmann has the last laugh, or maybe the last grimace. He is buried in the Cimetière du Père-Lachaise in Paris: The first garden cemetery. Parisians may still regard him as corrupt, which he was not, though Napoleon III's half-brother, the count of Morny certainly was. But among his fellow corpses at the Cimetière du Père-

Lachaise are Jim Morrison, Oscar Wilde, Edith Piaf, Isadora Duncan, Maria Callas, Gertrude Stein, Chopin, Colette, Richard Wright, Miguel Angel Asturias, Rossini, Bizet, Sarah Bernhardt: Few would have been there had Napoleon III and Baron Haussmann not remade Paris. Which despite political turmoil and many new regimes over the years since it remains to this day.[4]

3
RENOUVEAU URBAIN ET MODERNISME : LONDRES APRÈS LE GRAND INCENDIE DE 1666 ; LISBONNE APRÈS LE GRAND TREMBLEMENT DE TERRE DE 1755 ; PARIS SOUS NAPOLÉON III ET LE BARON HAUSSMANN.

À l'automne 2024, Kenneth Maxwell a participé à un colloque international sur l'art et la littérature luso-brésiliens. Sa conférence portait sur la manière dont la reconstruction de Lisbonne après le grand tremblement de terre de 1755 s'est inscrite dans la reconstruction de deux autres grandes villes européennes, à savoir Londres et Paris.

Le titre de la conférence était le suivant :

Catastrophes, rénovation urbaine et modernisme : Londres après le grand incendie de 1666 ; Lisbonne après le grand tremblement de terre de 1755 ; Paris sous Napoléon III et le baron Haussmann. Une version plus longue de la conférence donnée lors de la conférence suit.

Inigo Jones est enterré à l'église St. Benetton Welsh, West Paul's Wharf, aujourd'hui 93 Queen Victoria Street, dans la City de Londres. Il est né à Smithfield, dans la City de Londres, en 1577, et est mort à Somerset House le 23 juin

1652. Inigo Jones était le fils d'un ouvrier du textile gallois. Son assistant, également né à Smithfield, John Webb, est également mort à Somerset House en 1672.

Inigo Jones a conçu des bâtiments révolutionnaires : la Queen's House à Greenwich en 1616. La Banqueting House à Whitehall a été achevée en 1622. Il a conçu et aménagé la grande place résidentielle et l'église de Covent Garden. Il a conçu un nouveau palais magnifique qui n'a jamais été construit pour le roi Charles Ier.

Inigo Jones fut le premier à introduire l'architecture classique de Rome et de la Renaissance italienne en Grande-Bretagne. Il avait séjourné à Rome et en Italie, puis avait travaillé pour le roi Christian IV du Danemark.

La reine Anne du Danemark, épouse de Jacques Ier, devint sa mécène à Londres. Il fut nommé en 1613 géomètre des travaux du roi. Il était un habile créateur de costumes et de décors qui, avec Ben Johnson, produisit de nombreux masques de cour pour la reine Anne. Le magnifique plafond de Rubens pour la salle de banquet de Whitehall fut peint à Anvers et installé en 1636. Il célébrait l'union des couronnes d'Angleterre et d'Écosse et la création de la Grande-Bretagne.

Inigo Jones La Queen's House de Greenwich a été construite pour la reine Anne, face à la Tamise. C'était le premier bâtiment d'Angleterre conçu dans un style purement classique. Il suivait les plans des « Quatre livres d'architecture » de Palladio.

Inigo Jones a conçu la grande place résidentielle de Covent Garden en s'inspirant de la piazza de Livourne, à la demande du comte de Bedford. Il s'agissait du premier aménagement urbain planifié à Londres.

L'assistant d'Inigo Jones, John Webb (1611-1672), travailla avec lui à partir de 1628. Dans les années 1640,

Jones et Webb conçurent ensemble Wilton House, près de Salisbury. John Webb servit d'espion pour Charles Ier à Londres pendant la guerre civile. Après la mort de Jones en 1652, Webb hérita d'une fortune considérable et de nombreux dessins et plans de Jones.

La guerre civile de 1642 marqua la fin de la carrière d'Inigo Jones. Mais l'influence de ses plans architecturaux et de son style de construction sur l'architecture britannique future fut considérable. L'opportunité et le défi de reconstruire Londres résultaient de deux catastrophes jumelles : la grande peste de 1665-1666 et le grand incendie de Londres de 1666.

La grande peste de 1665-1666 fut la dernière grande épidémie de peste bubonique transmise par les puces et les poux en Angleterre. La peste tua 100 000 personnes, soit un quart de la population londonienne, et força le roi Charles II et sa cour à fuir Londres, d'abord à Salisbury, puis à Oxford.

Le grand incendie de Londres de 1666 détruisit une grande partie de la ville, de la Tour de Londres à Fleet Street.

Samuel Pepys se réfugia sur la rive sud de la Tamise et regarda les flammes dévorer la ville médiévale. Pepys écrivit : « Cela m'a fait pleurer de voir cela... le bruit horrible que faisaient les flammes, les maisons qui s'effondraient ».

Cinq sixièmes de la ville fortifiée ont été détruits. Charles II a publié une proclamation promettant « une ville bien plus belle que celle qui est actuellement consumée ». Il a également exprimé son souhait d'imposer des artères principales comme Cheapside et Cornhill qui seraient « d'une telle largeur que la bénédiction de Dieu puisse empêcher le mal qui pourrait être causé si l'autre était en feu ».

Alors que le feu couvait encore, Christopher Wren, avait

pour objectif de créer une nouvelle ville à partir des cendres : « rendre la ville entière régulière, uniforme, durable et belle ». Il présenta son ambitieuse vision d'un nouveau Londres en 1666 au roi Charles II en personne le 11 septembre, un peu plus d'une semaine après l'extinction de l'incendie. Avant le Grand Incendie, la ville de Londres était un amas de bâtiments à pans de bois s'étendant de la Tour de Londres à l'est jusqu'à Fleet Street et le Strand à l'ouest.

L'incendie de 1666 a commencé dans la boulangerie de Thomas Farryner, située dans Pudding Lane, une rue étroite à quelques mètres de l'entrée du London Bridge, aux premières heures du dimanche 2 septembre. Le lundi, le feu avait détruit le Royal Exchange de Thomas Gresham. Les routes menant hors de la ville étaient encombrées de charrettes et de chariots. Le mardi, le feu s'était propagé au-delà des limites de la ville, à Ludgate et jusqu'à Fleet Street.

Le feu atteignit la cathédrale Saint-Paul, où les poutres en feu s'écroulèrent sur les piles de livres dans le cimetière. Saint-Paul s'embrasa, des torrents de plomb fondu coulant dans les rues environnantes.

L'incendie fit rage pendant quatre jours et détruisit la majeure partie de la partie médiévale de la ville. Des rumeurs se répandirent selon lesquelles l'incendie avait été délibérément déclenché par les Français, les Hollandais et les papistes. Des foules parcouraient les rues en frappant sauvagement toute personne qui avait l'air ou le son d'un étranger.

Lorsqu'il devint évident que le Lord-maire de Londres, Thomas Bludworth (1620-1682), était incapable de faire face à l'incendie, le roi Charles plaça son frère, James Stuart, duc d'York, à la tête des opérations. Il organisa une série de postes de surveillance en arc de cercle autour de l'incendie, chacun supervisé par un courtisan, aidé par trois juges, trente soldats, les agents de police de la paroisse et une centaine de civils.

Le roi Charles II et James, duc d'York (1633-1701), supervisèrent personnellement la démolition de rues entières de maisons et réussirent à créer une série de coupe-feu qui ralentirent la propagation de l'incendie vers l'ouest.

Le mercredi 5 septembre, à la tombée de la nuit, le pire était passé. En cinq jours, plus de 200 000 Londoniens s'étaient retrouvés sans abri. 13 000 bâtiments avaient été détruits. Une superficie de 177 hectares était en ruines, y compris la cathédrale Saint-Paul, la Bourse, la douane, les salles de 44 des entreprises de la City et 86 églises paroissiales.

Depuis Oxford, alors que le ciel devenait rouge, Christopher Wren vit une opportunité. Il se rendit à Londres pour inspecter les ruines fumantes, puis se mit au travail sur ses plans architecturaux les plus ambitieux : un projet non seulement pour une nouvelle cathédrale, mais pour une ville entièrement nouvelle.

Le roi Charles II invita les architectes et les géomètres à présenter d'autres plans de reconstruction. Il posa toutefois une condition : « Nul homme ne pourra se permettre d'ériger une maison ou un bâtiment, grand ou petit, qui ne soit en briques ou en pierre ».

Plusieurs plans furent soumis : Richard Newcourt (1610-1679) proposa une série de places publiques. Au milieu de chacune d'elles, une église et un cimetière. Ce plan pouvait être étendu à l'infini : certains historiens de l'architecture pensent que l'idée de Newcourt a servi de base au plan de Philadelphie, qui est devenu à son tour le modèle du système de grille américain.

Le capitaine de l'armée Valentine Knight proposa de longues rues est-ouest et quelques transversales nord-sud.

Il proposa également un nouveau canal « pour lequel le roi pourrait faire payer un péage, afin de collecter des fonds pour aider à reconstruire Londres après l'incendie ». Le canal aurait rejoint la River Fleet au nord-ouest, pour déboucher dans la Tamise juste à l'ouest de la Tour de Londres. Mais le roi Charles n'était pas enthousiaste et fit arrêter Valentine Knight pour avoir suggéré que le roi pourrait tirer un avantage financier d'une telle calamité.

Robert Hooke, philosophe et géomètre, proposa une vision radicale. Un système de quadrillage composé de blocs de taille à peu près similaire avec quatre grandes places de marché et des églises tous les quelques pâtés de maisons.

Sir John Evelyn, qui occupa des fonctions publiques importantes sous Charles II, avait beaucoup voyagé en Italie et en France, et souhaitait que Londres soit reconstruite selon un plan radial de style italien, avec des piazzas et de larges avenues.

Christopher Wren proposa de remplacer les étroites rues médiévales par de larges avenues partant des piazzas. Il envisagea la piazza de la bourse royale comme une immense place circulaire entourée de rues radiales avec la poste, le bureau des douanes au nord de la piazza, les orfèvres de chaque côté de la piazza, et la banque, la monnaie et la compagnie d'assurance au sud.

Toute la place de la bourse royale serait délimitée au sud par la large et droite Leaden-hall Street. La nouvelle cathédrale Saint-Paul se serait dressée à l'intersection de Leadenhall Street, Ludgate et Fleet Street, face à une place triangulaire. La zone le long de la Tamise serait devenue un long quai public. Christopher Wren avait imaginé une ville commerciale et marchande où le commerce occuperait une place de choix.

Le roi Charles II nomma Wren l'un des six commissaires chargés de superviser les travaux de reconstruction, mais les propriétaires fonciers firent valoir leurs droits et recommencèrent à construire sur des parcelles en suivant le tracé des rues médiévales précédentes.

Le roi Charles II n'avait aucune envie de s'impliquer dans des batailles juridiques avec les riches marchands et échevins de Londres. En février, une Cour d'incendie commença à régler les différends restants et la loi de reconstruction de 1666 régla les hauteurs des bâtiments (pas plus de quatre étages) et les types de matériaux utilisés : les extérieurs en bois furent interdits. Les nouveaux bâtiments devaient être construits en brique et en pierre.

En février 1667, la Cour du feu commença à régler les différends restants. Le projet de loi final pour la reconstruction de Londres fut présenté au Parlement le 8 février 1667 : les plans en damier et les grandes avenues, les points ronds et les terminaisons des perspectives, la réorientation architecturale de la ville en tant que capitale marchande moderne avaient tous disparu. Le seul élément du projet de Wren qui a été mis en œuvre a été la canalisation de la rivière Fleet, qui faisait également partie de la proposition d'Eyelyn.

Cependant, 130 ans plus tard, les idées de Wren ont été concrétisées sur les rives du Potomac, lorsque Thomas Jefferson et Pierre L'Enfant se sont largement inspirés de sa gravure pour aménager la nouvelle capitale fédérale des États-Unis dans ce qui allait devenir Washington DC.

Si les idées de Wren ne se sont pas concrétisées, c'est aussi en raison du manque d'argent, causé par les deuxième et troisième guerres anglo-néerlandaises de 1665-1667 et 1672-1674. La deuxième guerre anglo-néerlandaise a été marquée par l'audacieux raid surprise de juin 1667, lorsque les Hollandais ont attaqué la flotte anglaise dans son port d'attache de Chatham : ce fut « la défaite la plus humiliante subie par les armes britanniques », selon les mots de Charles Boxer. L'atmosphère de rébellion à Londres a contraint Charles II à signer le traité de Breda.

Les questions complexes de propriété foncière à Londres l'emportèrent. Les bâtiments de Londres furent reconstruits sur leurs parcelles d'origine, mais en utilisant de la brique et de la pierre au lieu du bois. La reconstruction dura plus de dix ans, avec Robert Hooke, comme géomètre des travaux, et Sir Christopher Wren, qui repensa et construisit la nouvelle cathédrale Saint-Paul ainsi que cinquante nouvelles églises et l'observatoire royal de Greenwich.

Cette période a également vu la naissance de l'Empire britannique d'outre-mer aux Antilles et en Inde. Pendant la deuxième guerre anglo-néerlandaise, Jacques Stuart, duc d'York, a vu la colonie néerlandaise de New Amsterdam en Amérique du Nord conquise et rebaptisée New York en son honneur. Il a nommé l'arrondissement de Queens en l'honneur de la reine Catherine de Bragance. James Stuart devint également gouverneur de la Royal African Company, qui obtint en 1660 le monopole du commerce anglais avec la côte africaine.

La Royal Africa Company commerçait initialement de l'or d'Afrique de l'Ouest, mais elle trouva très vite beaucoup plus rentable le commerce des esclaves avec les nouvelles colonies anglaises d'Amérique du Nord et des Antilles, en particulier l'île de la Jamaïque, arrachée aux Espagnols en 1655. Entre 1660 et 1731, 187 697 Africains réduits en esclavage ont été transportés vers la colonie anglaise des Amériques à bord de 653 navires appartenant à la compagnie : beaucoup d'entre eux portaient les initiales

DoY pour le duc d'York, ou RAC pour la Royal Africa Company. La Compagnie des Indes orientales a également étendu ses activités en Inde.

Cette période a vu la création de la Banque d'Angleterre et l'émergence de la dette et des finances publiques. L'émergence des grandes sociétés commerciales : la Compagnie des Indes orientales et la Compagnie royale d'Afrique.

Les parcs royaux, Hyde Park et St. James Park à Londres, ont également été ouverts au public et sont devenus des espaces publics populaires.

Charles II fonde la Royal Society. La Royal Society a vu le jour en tant que Royal Society of London for improving natural knowledge et a reçu une charte royale du roi Charles II le 28 novembre 1660. Elle était le siège des nouvelles sciences et les réunions de la société se déroulaient au Gresham College. Parmi ses fondateurs figuraient Christopher Wren, Robert Boyle et John Wilkins. Lors du grand incendie, elle déménagea à Arundel House avant de retourner à Gresham College en 1673. Sir Isaac Newton devint président de la Royal Society en 1703 et le resta jusqu'en 1727. La Royal Society déménagea à Crane Court, Fleet Street, en 1710.

Isaac Newton était le grand polymathe, mathématicien, physicien, astronome, alchimiste et théologien anglais, qui fut une figure clé de la révolution scientifique et des Lumières. On dit qu'il aurait observé la pomme tombant d'un arbre dans le jardin, ce qui inspira ses travaux sur la gravitation, alors qu'il séjournait au manoir de Woolsthorpe dans le Lincolnshire pour échapper à la grande peste de 1665-66. Au Trinity College de l'université de Cambridge, où il était professeur lucassien de mathématiques, il avait été le premier à travailler sur la gravité et l'optique. Son ouvrage *Philosophiae Naturalis Principia Mathematica* (Principes mathématiques de la philosophie naturelle), publié pour la première fois en 1687, a remis en question de nombreux résultats antérieurs et a établi la mécanique classique

Newton était arrivé à Londres en 1696, lorsqu'il fut nommé directeur de la Monnaie royale, puis, trois ans plus tard, maître de la Monnaie, poste qu'il occupa pendant 30 ans. L'or destiné aux pièces d'or provenait d'Afrique et du Brésil, via le Portugal, et constituait un élément clé du commerce anglo-portugais au XVIIIe siècle. Bien qu'il ait perdu tous ses investissements lors de la bulle spéculative des mers du Sud, il mourut riche, ayant reçu une commission sur chaque pièce d'or frappée par la Monnaie royale à la Tour de Londres.

Dans les années 1670, le seul précédent anglais d'une église paroissiale classique était le St. Paul's Covent Garden d'Inigo Jones, un temple sans compromis consacré en 1638. Sa puissante simplicité n'était pas du goût de Wren. Sous le règne du roi Charles Ier, le 5e comte de Bedford avait transformé son domaine en la première expérience d'urbanisme de Londres. En 1630, il chargea Inigo Jones de créer la première grande piazza à l'italienne, une place publique qui devint une résidence à la mode pour les membres de l'aristocratie londonienne et les ambassadeurs.

Mais après le grand incendie de Londres, la grande place de Covent Garden devint le lieu d'un marché de fruits et légumes frais. Au XVIIIe siècle, le quartier devint célèbre pour ses maisons closes, ses cafés et ses tavernes bruyantes. Le début du XVIIIe siècle a toutefois été marqué par un renouveau et la publication des plans et dessins d'Inigo Jones, ainsi que par un regain d'intérêt pour ses bâtiments, la Banqueting Hall de Whitehall, la Queen's House de

Greenwich, et ses plans pour la Piazza de Covent Garden, ainsi que pour le nouveau palais royal que le roi Charles Ier avait prévu de construire à Whitehall.

Le roi Charles Ier a connu sa fin lorsqu'il a été décapité sur une plate-forme construite à cet effet à l'extérieur de la salle des banquets d'Inigo Jones à Whitehall, un destin bien connu de son fils, le roi Charles II. En janvier 1681, l'anatomiste d'Oxford William Gould déclara à Hans Sloane (1660-1753), successeur de Newton et président de longue date de la Royal Society : « C'était une époque de troubles, de jalousies, de peurs, de complots et de contre-complots » qui laissa l'Angleterre « instable et vacillante ».

Pourtant, cette période a connu des changements majeurs et durables : la catastrophe de la guerre civile et la restauration des Stuart, la création de la Royal Society et la révolution scientifique, l'essor de l'empire aux Indes occidentales et orientales, et l'essor de la traite des esclaves et des colonies sucrières dans les Caraïbes, l'émergence du système bancaire et de la politique mercantiliste, l'introduction de l'architecture classique et de l'urbanisme en Angleterre par Inigo Jones, en particulier sur la place résidentielle de Covent Garden, et la première tentative, contrariée, de Sir Christopher Wren, après le grand incendie catastrophique, et sa tentative de réaménagement de la ville de Londres.[1]

LISBONNE : LE GRAND TREMBLEMENT DE TERRE DE 1755 ET LA RECONSTRUCTION DE LISBONNE

Après le grand incendie de 1666, Londres s'est développée, les riches s'installant à l'ouest dans de nouveaux bâtiments et sur de nouvelles places, tandis que les pauvres s'installaient à l'est, où se trouvaient les docks et les entrepôts de la Compagnie des Indes orientales et d'où Londres menait son commerce florissant avec ses nouvelles colonies des Antilles, protégées par les lois sur la navigation, ainsi que le vaste commerce extérieur de l'Angleterre avec la France, la péninsule ibérique et la Baltique.

Le Portugal occupait une place particulière dans le commerce extérieur de l'Angleterre depuis la signature du traité de Methuen en 1703, qui accordait un accès privilégié au marché anglais pour le vin portugais et un accès privilégié au Portugal pour les produits en laine anglais.

En 1714, le roi George Ier devint le premier monarque hanovrien et fut remplacé par George II en 1727, qui régna jusqu'en 1760.

À cette époque, Hans Sloane incarnait une nouvelle ère. C'était l'étranger typique, un homme de l'Ulster. C'est-à-dire un protestant né dans une famille « implantée » dans l'Irlande catholique sous le règne du roi Jacques Ier.

Les comtes de Tyrone et les seigneurs gaéliques de l'Ulster s'opposèrent à la « plantation » des protestants dans l'Ulster, qui furent déplacés lorsque les colons s'installèrent dans le nord de l'Irlande. Les colons venaient principalement des Lowlands écossaises et ces protestants anglophones étaient appelés « Planters » dans la « Plantation » d'Ulster.

S'installant à Londres, Hans Sloane devint un résident avisé, un gentleman et un pilier de l'establishment, ainsi que le médecin d'un groupe de patients de plus en plus influent. En septembre 1687, à l'âge de 27 ans, il partit pour la Jamaïque, aux Antilles, en tant que médecin du gouverneur, le duc d'Albemarle, et y passa 15 mois. Son séjour sur l'île lui fournit la matière de son *Histoire naturelle de la Jamaïque*, richement illustrée, qui fut publiée en deux volumes entre 1707 et 1725.

Après son retour de Jamaïque à Londres, Sloane devint un éminent historien naturaliste, botaniste, médecin et, accessoirement, un observateur et commentateur sur la race. Mais son expérience jamaïcaine s'avéra profitable pour Sloane. Il avait la supervision médicale complète de la flotte du duc d'Albermale. Il était payé 600 £ par an, avec 300 £ supplémentaires à verser d'avance. Sloan savait bien que les planteurs donnaient beaucoup d'argent pour de « bons serviteurs, noirs ou blancs » et il savait bien que les planteurs jamaïcains paieraient bien pour ses services médicaux et pour garder les esclaves en vie et en bonne santé. Il s'est arrêté sur l'île portugaise de Madère lors du voyage aller. Le vin de Madère avait remplacé le sucre comme produit le plus lucratif de l'île et de grandes quantités étaient expédiées vers toutes les plantations des Antilles.

Sebastião José de Carvalho e Mello, le futur comte d'Oeiras et Marquês de Pombal, était l'ambassadeur du Portugal à Londres entre 1739 et 1743. Il vivait sur Golden Square. Cela faisait partie de l'expansion des places (ou piazzas) dans l'ouest de Londres après le grand incendie qui a englobé St. James Square, au sud de Piccadilly, qui est devenue, après que Covent Garden se soit détériorée en tant que résidence des classes supérieures, la résidence urbaine préférée des membres de l'aristocratie et des ambassadeurs, tout comme Golden Square l'était au nord de Piccadilly.

La maison de Lord Burlington sur Piccadilly était proche de Golden Square. La chapelle catholique de l'ambassadeur du Portugal était adossée à sa résidence de Golden Square, dont l'entrée donnait sur Warwick Street. Les deux maisons où Pombal a vécu à Golden Square ont survécu au Blitz de Londres pendant la Seconde Guerre mondiale, et la chapelle catholique, bien qu'elle ait été attaquée et incendiée lors des émeutes anti-catholiques de Gordon en 1789, a été reconstruite par la suite et est toujours aujourd'hui une chapelle catholique.

Le futur Marquês de Pombal, alors qu'il était à Londres, fut élu à la Royal Society, le premier cercle des penseurs anglais des Lumières qui poursuivaient des politiques reflétant une plus grande rationalité, praticité et utilitarisme. C'est également à cette époque que Lord Burlington développait ses bâtiments urbains de style néoclassique. Les parrains de Pombal pour son adhésion à la Royal Society étaient Hans Sloane, le comte de Cadogan, William Stukeley et Castro Sarmento. Castro Sarmento était un « nouveau chrétien » qui avait fui à Londres et était maintenant un membre éminent de la communauté juive londonienne de Bevis Marks, la plus ancienne synagogue de Londres, et il était le médecin personnel de Pombal. Le révérend Dr William Stuckeley était un archéologue pionnier. Lord Cadogan épousa la fille de Hans Sloan et hérita du manoir de Chelsea. Comme c'est là que les riches de Londres ont commencé à migrer vers les nouveaux quartiers et les logements urbains élégants, sa propriété à cet endroit fit de lui l'un des plus riches propriétaires fonciers du comté (et sa famille l'est toujours).

L'affectation de Pombal à Vienne en tant qu'ambassadeur du Portugal de 1745 à 1750 a également eu une influence décisive. Il s'y lia d'amitié avec le duc Silva Tarouca, un aristocrate portugais émigré qui avait gravi les échelons du gouvernement autrichien et était le confident de l'impératrice Marie-Thérèse. Pombal épousa également à Vienne la fille du général Daun. Son mariage autrichien lui fut utile à Lisbonne. Il fut rappelé à Lisbonne à la mort du roi Jean V par la reine douairière, Marie-Anne d'Autriche, où il entra au gouvernement portugais en tant que secrétaire d'État aux Affaires étrangères.

« Un tel spectacle de terreur et d'étonnement, ainsi que de désolation pour les spectateurs. Comme il n'en avait peut-être pas été de pareil depuis la fondation du monde. » C'est ainsi qu'un marchand anglais écrivant de Lisbonne à un ami le 20 novembre 1755 décrivait le « terrible tremblement de terre qui avait laissé la capitale portugaise en ruines ».

Beaucoup n'ont pas tardé à attribuer la catastrophe à quelqu'un. C'était une punition pour les péchés passés et présents. C'était l'avis du père jésuite Malagrida. Voltaire n'a pas aidé. Il n'y avait pas grand-chose au Portugal qu'il approuvait. Le pays était la cible parfaite de ses digressions sur la superstition et l'irrationalité. Voltaire est souvent revenu sur des sujets portugais dans ses écrits, et pas seulement dans Candide, son œuvre la plus célèbre.

Lisbonne est située sur la rive nord de l'estuaire du Tage. En 1755, le cœur cérémoniel et commercial de la ville était centré sur le Palais Royal construit directement sur le front de mer. À l'est du palais se trouvait une grande place ouverte (Terreiro do paço). Les maisons de marchands et de détaillants s'alignaient le long d'une série de ruelles et de rues étroites construites sur des remblais alluviaux entre des collines escarpées. L'autre axe urbain se trouvait à l'intérieur des terres, au nord, une grande place publique appelée le Rossio. Lisbonne était un grand port dans lequel affluaient les épices d'Extrême-Orient, le poivre d'Inde, la porcelaine et la soie de Chine, ainsi que le sucre, les diamants et l'or du Brésil.

Le Palais royal, avec sa tour de quatre étages construite par Philippe II lorsque les couronnes d'Espagne et du

Portugal furent unies sous son règne, jouxtait littéralement l'estuaire du Tage, ainsi que la Maison des Indes, la douane et le chantier naval royal.

Dans l'esprit des penseurs des Lumières du XVIIIe siècle en Europe du Nord-Ouest, le Portugal était une nation enfermée dans l'obscurantisme. Les images les plus connues du Portugal étaient celles des bûchers, les soi-disant « actes de foi ». Quelque 45 000 personnes ont fait l'objet d'une enquête de l'Inquisition portugaise entre 1536 et 1767 et plusieurs milliers d'entre elles ont été condamnées et brûlées avant le tremblement de terre.

Le grand tremblement de terre s'est produit le jour de la Toussaint, le 1er novembre 1755. Son ampleur était probablement équivalente à une magnitude de 8,5 à 9 sur l'échelle de Richter, ou peut-être de 9,1 sur l'échelle de magnitude de moment (Mw). Peu de temps après, un tsunami, une vague de marée gigantesque, très rare dans l'océan Atlantique, a frappé Lisbonne. Puis un immense incendie s'est déclaré et a consumé une grande partie de la ville en ruines.

La première secousse s'est produite vers 9 h 45. De nombreuses personnes assistaient à la messe lorsque les bâtiments se sont effondrés sur les fidèles. « Je pouvais à peine faire un pas sans marcher sur des morts et des mourants », se souvient un témoin oculaire. L'origine du tremblement de terre de 1755 (l'hypocentre ou foyer désigne le point où se produit le tremblement de terre, et l'épicentre désigne le point à la surface de la terre ou de la mer directement au-dessus de l'hypocentre) se situait à plusieurs centaines de kilomètres au large de la côte sud-est du Portugal, le long de l'une des failles qui marque la frontière séparant les plaques continentales africaine et eurasienne.

Un segment de 150 à 600 kilomètres de long de la faille s'est soulevé de près de 10 mètres, libérant une énorme quantité d'énergie, au moins trois fois plus puissante que l'éruption volcanique du Krakatoa. Ce fut le tremblement de terre le plus puissant à avoir frappé le continent européen dans l'histoire connue.

Les destructions furent énormes : quelque cinquante-cinq couvents et monastères furent gravement endommagés. Le quai du bord de l'eau s'enfonça et disparut, et le Palais Royal fut détruit. Plus de 15 000 personnes périrent. Le consul britannique écrivit à Londres le 13 décembre 1755 : « La partie de la ville située près de l'eau, où se trouvent le Palais Royal, les tribunaux publics, la douane, la Maison des Indes, et où la plupart des marchands font leurs affaires, est tellement détruite par le tremblement de terre et par l'incendie qu'elle n'est plus qu'un tas d'ordures, à certains endroits hautes de plusieurs étages, incroyable pour ceux qui n'en sont pas témoins oculaires. »

Le tremblement de terre a causé des dégâts considérables ailleurs au Portugal et a été ressenti jusqu'à Venise et dans le sud de la France, atteignant également le Maroc et l'Afrique du Nord.

Mais c'est Lisbonne qui a subi le plus gros de la catastrophe. Le raz-de-marée et l'incendie ont détruit une grande partie du centre-ville, entre le Rossio et la place du Palais. Le sol alluvial s'est probablement liquéfié. Les collines de part et d'autre de la Baixa, à l'est comme à l'ouest, ont été moins touchées. Les bâtiments le long de l'estuaire vers l'Atlantique, où la famille royale résidait dans son palais d'été à Belém, ont survécu avec moins de dégâts.

Mais l'église patriarcale nouvellement construite fut détruite, tout comme le nouvel opéra qui avait été inauguré quelques mois plus tôt, le 30 mars, jour de l'anniversaire de la reine. Le premier opéra était « Alessandro nell'Indie » de David Perez et les magnifiques décors avaient été conçus par Giovanni Carlo Sicini Bibiena. Les dégâts subis par l'Opéra et l'église patriarcale ainsi que par d'autres bâtiments importants de la ville ont été documentés dans une série de gravures réalisées par Jacques-Philippe Le Bas en 1757.

L'ampleur du tremblement de terre a choqué l'Europe. En Grande-Bretagne, George II a demandé à la Chambre des communes de fournir « une aide rapide et efficace ». La Chambre des communes a répondu en autorisant le Trésor public à s'approprier 100 000 £ en espèces, provisions et outils.

Un tremblement de terre s'était également produit dans le Massachusetts le 18 novembre 1755, à l'est de Cape Ann. À Boston, la plupart des dégâts se sont produits là où des bâtiments avaient été construits sur des remblais près des quais. John Adams, qui se trouvait à Braintree, écrivit dans son journal que « la maison semblait se balancer, vaciller et craquer comme si elle allait s'effondrer ».

Le professeur John Winthrop, dans sa conférence sur les tremblements de terre donnée à la chapelle de l'université de Harvard le 26 novembre 1755, a noté avec approbation le travail du « très ingénieux M. Franklin de Philadelphie ».

La réaction la plus notoire est venue de Voltaire. Dans son « Poème sur le désastre de Lisbonne ou Examen de l'axiome Tout est bien », Voltaire a adopté une vision très pessimiste de ce qui s'était passé :

« Ô misérables mortels ! Ô terre infortunée !
Ô affreuse assemblée de tous les hommes
Sermon éternel de souffrances inutiles !
Philosophes trompés qui criez : « Tout va bien. » »

Rousseau, choqué par ce que Voltaire avait écrit, affirma

la cause naturelle de telles catastrophes et lui adressa une lettre de protestation : « Auriez-vous préféré que ce tremblement de terre ait eu lieu dans un désert plutôt qu'à Lisbonne [...] cela signifie-t-il vraiment que l'ordre du monde naturel doit être modifié pour se conformer à nos caprices, que la nature doit être soumise à nos lois, et que pour l'empêcher de provoquer un tremblement de terre à un endroit particulier, il suffit d'y construire une ville ? »

À Lisbonne, la réaction fut plus prosaïque et plus pratique. Le roi du Portugal, Dom José Ier de Bragance, et son épouse, Maria Anna Victoria de Bourbon, une infante d'Espagne, n'avaient jamais manifesté beaucoup d'intérêt pour le gouvernement, préférant la chasse et l'opéra. Le roi était complètement paralysé et terrifié par le tremblement de terre, même s'il se trouvait à Belém, bien à l'ouest du centre de la ville lorsque les secousses et le raz-de-marée se sont produits. Dom José était si effrayé que, pour le reste de sa vie, il refusa de dormir dans un bâtiment construit en pierre. La famille royale s'installa dans les jardins du palais de Belém, puis dans une baraque en toile et en bois, une barraca real, sur le de Ajuda. Les premières actions de Sebastião José de Carvalho e Mello, le futur marquis de Pombal, furent d'enterrer les morts et de rétablir l'ordre.

L'ampleur des destructions était telle que l'enlèvement des corps devint essentiel pour empêcher la propagation de la maladie et de la peste. Pombal persuada le patriarche de Lisbonne d'autoriser la collecte des corps, leur mise à bord de bateaux, leur expédition dans l'Atlantique et leur largage dans l'océan sans funérailles.

Il fit venir des troupes de l'arrière-pays pour contenir le désordre. Il donna également aux magistrats le pouvoir d'agir instantanément, en cas de meurtre et de pillage, et ils agirent rapidement. Selon un témoin oculaire, il y eut bientôt environ quatre-vingts potences érigées dans toute la ville où ceux qui étaient pris en train de piller et de commettre d'autres crimes étaient sommairement pendus.

La réponse immédiate et draconienne de Pombal fut résumée dans la célèbre phrase qui lui est attribuée : « enterrer les morts et nourrir les vivants ».

Dans son écriture singulièrement filigrane, il a donné son propre compte rendu des trois priorités immédiates : la première était de se débarrasser des morts afin d'éviter les maladies ; la deuxième était de nourrir les survivants, et pour y parvenir et dissuader les spéculateurs, il a imposé des plafonds sur le prix du pain ; et troisièmement, d'imposer l'ordre public. La réaction de Pombal a été rapide et efficace. Elles ont ensuite été résumées dans une compilation avec les textes des décrets. Ces *Providências* comprennent la collecte et l'élimination immédiates des cadavres, la prévention des pénuries alimentaires, l'attention portée aux malades et aux blessés, le contrôle temporaire des prix des aliments essentiels et la planification de la reconstruction de la ville.

On prétend parfois que Pombal n'était pas responsable de ces mesures et qu'il s'en est attribué le mérite par la suite.

Mais dans la collection Pahla de la bibliothèque Houghton de Harvard, on trouve un projet de décret manuscrit rédigé à Belém le 3 novembre 1755, trois jours après le tremblement de terre, ainsi qu'un décret de sa main. Ce décret est imprimé dans le volume *Providências* également conservé à la bibliothèque Houghton. J'ai fait don d'un exemplaire des providências à ma collection de livres et de documents sur le Portugal et le Brésil à la bibliothèque du St John's College de l'université de Cambridge.

Le fait que la destruction de Lisbonne ait offert une

grande opportunité aux urbanistes n'a pas échappé à un jeune architecte écossais ambitieux, Robert Adam (1728-1791). À Rome à l'époque (1754-1758), Robert Adam considérait le tremblement de terre comme « un jugement divin en ma faveur ». Il aspirait à devenir l'architecte royal de Lisbonne et réalisa des croquis de ce à quoi, selon lui, la nouvelle Lisbonne devrait ressembler, en s'inspirant de la place du Bernin devant Saint-Pierre de Rome.

Mais l'extravagance baroque théâtrale de Robert Adams n'était pas ce que Pombal avait en tête. Il pensait à la nouvelle Lisbonne comme à une ville commerciale néo-palladienne plus modeste, pratique, pragmatique, saine. Pombal ne fit pas appel à des architectes italiens, autrichiens ou français, comme les Portugais l'avaient si souvent fait pour leurs grands bâtiments publics au cours de la première moitié du XVIIIe siècle. Il organisa encore moins un concours international, comme l'avait espéré le jeune et ambitieux Robert Adma.

Pombal fit plutôt immédiatement appel aux ingénieurs militaires portugais. Trois d'entre eux en particulier allaient jouer un rôle clé : Manuel da Maia (1677-1668), qui avait presque 80 ans en 1755, était l'ingénieur militaire en chef du pays et avait été le tuteur en mathématiques et en physique de l'héritier présomptif, Dom José, aujourd'hui roi ; Eugenio dos Santos (1711-1760), qui avait la quarantaine, et colonel du corps du génie ; et Carlos (Karoly) Mardel (c.1695-1763), un émigré hongrois d'une soixantaine d'années qui avait servi dans le corps du génie militaire portugais depuis 1733, date à laquelle il était venu au Portugal pour travailler sur l' aqueduc de Lisbonne, qui avait survécu au tremblement de terre, sous la supervision de Manuel da Maia

Tous trois étaient des professionnels expérimentés,

habitués à superviser la construction de bâtiments et de fortifications civils et militaires de grande envergure, ainsi que la gestion des ressources et de la main-d'œuvre. Pombal confia à Manuel da Maia la tâche de rédiger ce qu'il appelait une « dissertation » détaillant les questions fondamentales à traiter et la manière dont celles-ci, une fois définies, pourraient être traitées le plus efficacement possible.

Pombal, quant à lui, a introduit une législation interdisant toute construction, action ou vente de propriété avant l'élaboration du plan directeur. Maia a rapidement rendu son observation à Pombal le 4 décembre 1755.

La dissertation de Manuel de Maia examinait une série de propositions concernant les options possibles pour la reconstruction de la ville après la catastrophe. Il s'agissait notamment de savoir si les débris devaient être utilisés pour construire les zones de plaine, quelle devait être la taille des bâtiments par rapport aux rues devant eux, et quelles dispositions devaient être prises pour gérer les eaux de ruissellement dans les zones de plaine afin que la construction sur les remblais ne présente pas de risque d'inondation en cas de marée haute.

Maia recommanda que toute reconstruction soit interdite jusqu'à ce qu'un plan soit formulé et approuvé. Il examina l'option de déplacer entièrement la ville, que ce soit par exemple en déplaçant Lisbonne vers l'ouest, vers la zone de Belém où le sous-sol était plus solide et où les bâtiments avaient résisté au tremblement de terre. Il a fait valoir que les rues principales devaient être disposées en quadrillage et affectées à des fins commerciales. et reflétant l'importance de l'or et de l'argent dans le commerce de Lisbonne. et que ces rues soient construites sans arches couvertes afin d'améliorer la sécurité. Il a cité deux modèles de villes reconstruites qu'il considérait comme importants : Turin et Londres.

Dans chacun de ces cas, il s'est penché sur l'histoire de la reconstruction. À Turin, la nouvelle ville avait été construite comme une extension ou un ajout à l'ancienne. À Londres, il a examiné le plan de Christopher Wren pour la reconstruction de la ville après le grand incendie.

Dans le cas de Lisbonne, la clé, selon Maia, était que le roi n'avait pas insisté pour que le palais royal soit reconstruit sur son ancien site. C'était bien sûr parce que le roi était terrifié à l'idée de passer une nuit dans un palais situé dans une zone sismique. Mais cette aversion royale a soulagé les urbanistes d'un énorme obstacle. Si le roi était prêt à renoncer à un bien immobilier de premier ordre, il serait alors difficile pour quiconque de refuser de le faire.

Le plan de Maia fut rapidement approuvé, prévoyant la reconstruction de la ville sur son site précédent et évitant ce qui s'était passé à Londres, où, malgré les plans ambitieux de Wren, les droits de propriété et les anciens tracés des rues n'avaient pas été respectés. Une fois les principes généraux élaborés, six projets détaillés furent établis, certains moins radicaux que d'autres.

Au final, c'est le modèle de grille le plus radical qui a été approuvé et adopté, le cinquième plan élaboré par Eugénio dos Santos et Carlos Mardel. Il s'agissait de réinventer totalement le cœur de la ville en bouleversant complètement le tracé des rues et les droits de propriété antérieurs.

Le plan a remplacé l'ancienne place royale par une nouvelle place du commerce. La Praça do Comércio, cette place en bord de mer, devait être bordée sur trois côtés par des bâtiments identiques, avec des arcades au rez-de-chaussée et des pilastres doubles. Le côté nord était interrompu par un arc de triomphe. Deux pavillons de trois étages en pedra loiz (un calcaire pseudo-marbre utilisé depuis longtemps au Portugal), dont l'un devait abriter la bourse des marchands, devaient être ancrés sur les arcades est et ouest du côté de la rivière. Les façades à arcades jouaient également sur le contraste entre la pierre blanche de Lisbonne utilisée pour les encadrements de fenêtres en pierre standardisés et les murs enduits de couleur. L'historien de l'art Robert Smith, dont la chaire à Harvard nous parraine aujourd'hui, a écrit que l'utilisation de la pierre de Lisbonne donnait « à la ville un aspect scintillant qui n'est pas sans rappeler Venise ».

Quatre rues principales, avec des rues transversales à angle droit, s'étendaient vers l'intérieur des terres depuis la Praça do Comércio en direction de deux places parallèles nouvellement reconstruites, composées de bâtiments identiques : le Rossio et la Praça da Figueira. Face aux rues, des blocs identiques de quatre étages devaient être construits avec des magasins au rez-de-chaussée. Des murs de couleur ocre étaient encadrés à chaque extrémité par de larges pilastres angulaires posés à plat. Les bâtiments étaient surmontés de toits à double croupe : Un ensemble architectural continu a été créé au cœur de la ville - une zone de 550 mètres sur 380 qui, selon Robert Smith, constitue l'une des « plus grandes entreprises architecturales uniformes de l'âge des Lumières ».

Une loi fut adoptée en mai 1758 pour permettre l'évaluation et la réaffectation des droits de propriété. Les emplacements réels furent remplacés par des mesures géométriques afin que les propriétaires puissent être indemnisés pour les terrains, les maisons et les anciennes rues réaffectés dans le cadre du nouveau plan d'urbanisme. Des prêts furent accordés aux personnes qui en avaient besoin, et ceux qui prenaient possession de nouvelles propriétés disposaient de cinq ans pour achever la construction des nouveaux bâtiments. Tout cela fut réalisé avec une rapidité remarquable.

Les nouveaux bâtiments devaient respecter des dimensions uniformes standardisées. Plus important encore, ils devaient être antisismiques grâce à une cage en bois flexible ou *gaiola*, pionnière dans la lutte contre les tremblements de terre, formée de fermes diagonales renforçant un cadre horizontal et vertical. Les bâtiments renforcés étaient à leur tour posés sur des pilotis en pin vert surmontés de douves en pin hachurées et de cales de mortier. Tous les bâtiments de la Baixa devaient être construits de cette manière. Chaque bâtiment était équipé d'une citerne dans la cour arrière, entre les bâtiments. De là, l'eau de pluie était dirigée vers une citerne centrale située sous la rue. Le dessin d'Eugénio dos Santos a été présenté à Pombal par Maia le 19 avril 1756.

Les urbanistes de la nouvelle Lisbonne avaient l'intention de créer un environnement urbain plus sain et plus hygiénique. Pombal fit appel à l'aide d'un « nouveau chrétien » portugais résidant alors à Paris, António Nunes Ribeiro Sanches (1699-1783), élève du grand chimiste, botaniste et clinicien hollandais H. Boerhaave. Ribeiro Sanches avait été le médecin personnel de Pombal lorsqu'il était ambassadeur à Vienne. Ribeiro Sanches était employé par Pombal en tant que consultant rémunéré et Pombal publia sa thèse sur l'assainissement et le besoin de lumière et d'air afin de rendre les habitants des zones urbaines moins vulnérables aux maladies.

Outre la question des propriétés laïques, celle du traitement des propriétés foncières ecclésiastiques, des églises et des paroisses devait également être réglée. Faut-il garder les églises au même endroit ou les déplacer ? Il a été décidé qu'elles devraient être reconstruites dans de nouveaux emplacements appropriés au plan directeur. Davantage de décoration était autorisée que pour les bâtiments séculiers, mais aucune des nouvelles églises pombalines n'avait de tours.

La nouvelle Praça do Comércio a conservé une présence royale sous la forme d'une statue de bronze commandée pour se tenir en son centre. Représentant Dom José à cheval, la statue inaugurée en 1775 a été conçue par le sculpteur de la cour, Joaquim Machado de Castro (1731-1822), et s'inspire du monument de Louis XIV (1660) publié par Jacques François Blondel dans *Architecture Française* (1752-1756). La présence royale était symbolique. L'essence de la nouvelle place était qu'elle devait être un lieu de gouvernement, de commerce, de douane et de bourse.

Pombal ne s'est pas seulement intéressé aux places centrales et aux rues principales, mais des maisons plus modestes ont également été conçues et construites, créant ainsi les premières zones de développement industriel d'une ville européenne. À l'endroit où se terminait le grand aqueduc, Pombal a placé sa banlieue industrielle avec des manufactures de soie, des ateliers de céramique et des usines de textile de coton.

En 1756, une école d'architecture et de dessin (Casa do Risco das Obras Públicas Reais) fut créée pour produire les plans des nouveaux bâtiments qui se dresseraient sur les principales places et rues. L'école fonctionna jusqu'en 1760 sous la direction d'Eugénio dos Santos, qui fut remplacé par Carlos Mardel. Les plans élaborés sous la supervision de dos Santos et de Mardel – chaque dessin était réalisé – jusque dans les moindres détails portaient la signature de Pombal. Tous les bâtiments étaient équipés de murs coupe-feu subdivisant les toits. Les fenêtres et les portes étaient

THE TALE OF THREE CITIES

standardisées, et personne n'était autorisé à construire d'une manière autre que celle prévue dans les plans approuvés. Pour éviter la monotonie, de subtiles variations de formes de portes et de balcons en fer étaient autorisées et Maia recommandait que les gens aient la liberté de peindre les fenêtres et les portes de différentes couleurs dans différentes zones.

Ce processus de reconstruction a conduit à la création d'une vaste infrastructure pour la préfabrication de parements en pierre standardisés, de ferronneries uniformes, de bois de coupe uniforme pour les *gaiolas*, ainsi que pour la production de mortier et de ciment à séchage rapide, de verre pour les fenêtres et de tuiles. En conséquence, la reconstruction de Lisbonne était directement liée à l'objectif du gouvernement de stimuler une classe d'artisans industriels au Portugal et de contribuer ainsi au développement économique global du pays.

Cependant, un modèle pour la nouvelle Lisbonne a été négligé. Deux marchands anglais de Lisbonne ont été des collaborateurs essentiels de Pombal dans la reconstruction. Les deux hommes venaient du Devon, où je vis maintenant : William Stephens (1731-1803) et John Parminter (1712-1784). Stephan était le fils illégitime d'Oliver Stephens (40 ans), un vicaire local, et de Jane Smith (19 ans), une femme de ménage, au château de Pentillie, en Cornouailles, où Stephens enseignait aux enfants de l'école Churchwardens. William fut envoyé à Exeter où sa mère épousa plus tard son père, et William reçut une bonne éducation à l'école secondaire d'Exeter. Stephens avait le monopole de la fourniture de verre aux nouvelles veuves. John Parmentier, un marchand de Lisbonne, également originaire du Devon, avait été ruiné par le tremblement de terre, mais il avait réussi à commercialiser une forme de ciment à séchage rapide qui était utilisée pour le revêtement des nouveaux bâtiments antisismiques et avait obtenu un monopole de Pombal. Une loi sur la production de charbon de bois (1758-1773) a été adoptée par le Parlement de Londres pour permettre l'exportation de charbon de bois vers le Portugal en franchise de droits. Les fours de Stephens et de Parmetier étaient situés à Alcantara.

Mais l'influence britannique était plus large que cela. John Harris, conservateur de longue date des dessins de la Society for British Architects, a trouvé la Praça do Comércio, qu'il a observée au milieu des années 1960, étonnamment similaire aux dessins d'Inigo Jones pour Covent Garden publiés dans le *Vitruvius Britannicus* de Colen Campbell (1715-1777). En fait, un examen du plan original d'Eugenio dos Santos pour le côté nord de la Praça do Comércio présente une ressemblance frappante avec les côtés nord et ouest de Covent Garden, identiques à l'exception des deux pavillons faisant face à la rivière dans le cas de Lisbonne. Ironie de l'histoire, les plans de Christopher Wren pour une ville marchande de Londres et ceux d'Inigo Jones pour Covent Garden ont fini par servir de modèle au centre commercial de Pombal pour son propre modèle architectural marchand, pratique et dépouillé de la nouvelle Lisbonne.

Le projet impérial brésilien a également eu une grande influence à cette époque : Pombal a réorganisé l'ensemble de l'administration et des finances ainsi que l'organisation militaire au Brésil, en élargissant et en protégeant les frontières à l'extrême ouest et dans le bassin amazonien, et en expulsant les jésuites au passage. Pendant ce temps, à Lisbonne, il poursuivait sa reconstruction utilitaire néo-palladienne de la ville avec ses ingénieurs militaires portugais. L'ingénieur militaire anglais, le colonel William

Elsden, avait été chargé de rechercher des dépôts de charbon de bois au Pays de Galles pour Parminter. Le colonel William Elsden a conçu les nouveaux bâtiments scientifiques de l'université réformée de Coimbra. William Stephens a finalement vendu ses usines à l'État portugais au début du XIXe siècle et a pris sa retraite en homme très riche. Parmi ses descendants se trouvait Stephens Lyne Stephens, le soi-disant « roturier le plus riche du royaume ». Il est représenté en 1858 serrant un paquet de billets de banque dans son poing fermé. Mais il succomba aux charmes d'une jolie danseuse de l'Opéra de Paris, Yolande Duvernay, qu'il épousa. Elle dilapida rapidement la majeure partie de sa fortune. La fille et la nièce de Parminter construisirent une maison ronde unique en son genre à l'extérieur d'Exmouth, dans le Devon, qui ne devait être héritée que par des parentes célibataires. Elle est aujourd'hui une propriété du National Trust.

Ce fut le sort horrible du père jésuite Malagrida et des aristocrates portugais qui avaient tenté d'assassiner le roi Dom José, et la réaction de Voltaire à cela, plutôt que la thèse de Ribeiro Sanches sur la santé publique pour la nouvelle ville de Lisbonne, qui consolida l'image de Pombal dans l'esprit des penseurs et écrivains européens des Lumières. La commission de l'abbé Francisco Correa da Serra, brillant naturaliste et cofondateur de l'Académie des sciences de Lisbonne, pour écrire un article sur la reconstruction de Lisbonne, n'a pas aidé. Son article a été écrit mais n'a pas été publié dans l'*Encyclopédie* car il est arrivé trop tard pour être inclus.

Ainsi, l'image de Pombal et du Portugal est restée celle de Voltaire. Il est vrai aussi que la Lisbonne pombaline n'était pas très appréciée par de nombreux Portugais, malgré les grands travaux des historiens de l'art Robert

Smith et José Augusto França, qui ont interprété la Lisbonne reconstruite comme la plus grande expression de l'urbanisme des Lumières.

Mais lorsque j'ai vécu à Lisbonne pour la première fois, au début de l'année 1964, de nombreux Lisboètes appelaient encore la Praça do Comércio le Terreiro do Paço, même si le paço avait été détruit par le grand tremblement de terre de 1755. En 1964, la Praça do Comércio servait alors de gigantesque parking. La tombe de Pombal était inaccessible, sa maison de Lisbonne sur la Rua do Século abandonnée, et le palais de son frère sur la rua das Janelas Verdes avait été transformé en Museu da Arte Antiga, et le seul signe qu'il avait jamais été une résidence de Pombal était les armoiries de la famille situées dans la maçonnerie au-dessus de l'escalier menant du jardin arrière.

Au début de sa carrière, Pombal s'était plaint amèrement de son manque de ressources financières. Il quitta cependant ses fonctions en tant que l'un des hommes les plus riches du Portugal, et une grande partie de cette richesse reposait sur des biens immobiliers de grande valeur à Lisbonne.[2]

PARIS : LA RECONSTRUCTION DE PARIS PAR NAPOLÉON III ET LE BARON HAUSSMANN.

Napoléon III était le deuxième fils de Louis, frère de Napoléon Bonaparte et roi de Hollande, et de son épouse, Hortense de Beauharnais. Leur premier fils, Napoléon Louis, était décédé en 1831, faisant de Charles-Louis Napoléon l'héritier présomptif. Il devait épouser Eugénie de Montijo, une aristocrate espagnole, en 1853. Ils eurent un fils, Napoléon Eugène Louis, en 1856. Charles-Louis Napoléon était un jeune homme romantique, parfois imprudent et aventureux, enclin aux complots, aux coups d'État infructueux et aux longues périodes d'exil en Angleterre, au Brésil et aux États-Unis, ainsi qu'à de longues périodes d'emprisonnement après deux invasions spectaculairement ratées en France.

Il fut néanmoins élu président de la deuxième République française le 10 décembre 1848. Trois ans plus tard, le 2 décembre 1851, il mena un coup d'État sanglant qui fut massivement approuvé par un plébiscite organisé par son demi-frère, le comte de Morny. Un an plus tard, le Second Empire fut proclamé et il prit le titre de Napoléon III. Son règne dura 18 ans jusqu'à ce qu'il entraîne la France dans une guerre catastrophique contre la Prusse de Bismarck, au cours de laquelle il fut capturé par les Prussiens. Il fut déposé et son régime remplacé par la Troisième République.

Napoléon III était un dirigeant autoritaire qui imposa des restrictions à la liberté de la presse, de réunion, d'expression et de publication. Ceux qui bénéficièrent de son règne furent les nouveaux hommes du commerce, de la banque, les constructeurs de chemins de fer. Ce fut une époque de richesse soudaine et tapageuse et de grande corruption, d'expansion du réseau ferroviaire dans toute la France et d'aventures impériales outre-mer en Algérie, en Indochine, en Égypte avec le canal de Suez, et de l'imposition par les armes françaises de l'archiduc Maximilien d'Autriche comme empereur du Mexique.

Mais Napoléon III avait la vision d'un nouveau Paris : une ville où le logement et l'assainissement seraient meilleurs. George-Eugène Haussmann (1809-1891) sera l'homme de la situation. Pendant 17 ans, en tant que préfet de la Seine de l'empereur Napoléon III, Haussmann a détruit le vieux Paris, tant en surface que sous terre, a introduit des systèmes d'eau et d'égouts modernisés, ainsi que de larges avenues bordées de bâtiments uniformes standardisés connus sous le nom de « bâtiments Haussmann ».

Haussmann a complètement remodelé les fondations de la ville en fonction des valeurs de la modernité du XIXe siècle. 75 % du tissu urbain a été concerné, et la rapidité des travaux, qui ont duré moins de 20 ans, a permis de créer une ville nouvelle, entièrement planifiée et conçue, où la création simultanée d'infrastructures et de superstructures urbaines a produit un réseau remarquablement efficace. Comme le font remarquer Franck Boutté et Umberto Napoloitano : « Ce système ouvert et évolutif relie la ville en surface et en sous-sol, avec sa principale raison d'être. Ce système de quadrillage visait à améliorer la circulation de différents types de personnes : piétons, véhicules, etc. et des troupes militaires. »

Mais les jeunes artistes et écrivains tels qu'Edouard Manet, Claude Monet, Emile Zola et Gustave Flaubert, ainsi que Claude Baudelaire, ont résisté aux restrictions de l'empire. Depuis son exil hors de France, Victor Hugo (1802-1815) l'a surnommé « Napoléon le Petit ». Le Manifeste du Parti communiste de Karl Marx et son ouvrage Le dix-huitième Brumaire de Louis Bonaparte ont contribué à définir le règne de Napoléon III. Le Manifeste du Parti communiste et Le dix-huitième Brumaire de Louis Bonaparte de Marx ont tous deux été écrits en réponse au printemps révolutionnaire de 1848. Le Manifeste du Parti communiste de Marx résonnait de sa force rhétorique : « Un spectre hante l'Europe : le spectre du communisme. L'histoire de toutes les sociétés jusqu'à nos jours n'est que l'histoire de la lutte des classes. Les prolétaires n'ont rien à perdre que leurs chaînes... OUVRIERS DE TOUS LES PAYS, UNISSEZ-VOUS !

Rédigé à la hâte par Marx à partir de brouillons antérieurs d'Engels au cours des premières semaines de 1848, le Manifeste est paru quelques jours après une révolution européenne générale s'étendant de la Baltique aux Balkans. Victor Hugo n'avait pas non plus de bonnes choses à dire sur Louis Napoléon. Ses *Misérables (1862)* et *Notre-Dame de Paris* (1831) se délectaient d'un Paris avant la démolition de la vieille ville médiévale et sa reconstruction, sa réorganisation et sa modernisation, en tant que « ville lumière » par l'empereur Napoléon III et son préfet de la Seine, Georges Haussmann.

Les Haussmann étaient des protestants luthériens qui avaient fui Cologne pour s'établir à l'extérieur de Colmar, en Alsace française, à la fin du XVIIIe siècle, où ils avaient fondé une grande usine de coton. L'un des frères, le grand-père du préfet Haussmann, avait été naturalisé français et était devenu député à l'Assemblée nationale. Après la Révolution de 1789, il a été entrepreneur de guerre pour l'armée de la première république en Rhénanie et a pris sa retraite avec une fortune considérable. Il a acquis un domaine à Chaville, entre Saint-Cloud et Versailles, où son petit-fils, le futur préfet de Paris, a vécu ses sept premières années. Deux fois étrangers, en tant qu'Allemands et Luthériens, tous les Haussmann ont consciemment passé leur vie à prouver leur loyauté envers la France et le gouvernement de l'époque.

En 1853, Haussmann reçut à Bordeaux un courrier du gouvernement de Victor de Persigny (1808-1872), ministre de l'Intérieur, l'informant que Louis Napoléon l'avait personnellement nommé à la préfecture de la Seine. Pesigny dit à Louis Napoléon que Haussmann était « l'un des hommes les plus extraordinaires de notre époque ; grand, fort, vigoureux, énergique et en même temps intelligent et retors. Il m'a raconté toutes ses réalisations au cours de sa carrière administrative, sans rien omettre : il aurait pu parler pendant six heures sans interruption, puisque c'était son sujet préféré, lui-même. »

Lors de la première rencontre avec l'empereur, Haussmann fut conduit dans le bureau de Napoléon III où Louis Bonaparte informa le nouveau préfet qu'il lui donnerait carte blanche dans son travail et qu'il n'y aurait pas d'intermédiaires ministériels. Haussmann se souvient : « L'empereur tenait à me montrer une carte de Paris sur laquelle il avait tracé des lignes bleues, rouges, jaunes et vertes, chaque couleur indiquant la priorité des travaux prévus. »

Haussmann comprit la tâche qui l'attendait : il devait reconstruire tout le cœur de la capitale française en démolissant et en déblayant des centaines d'hectares de bâtiments médiévaux et de rues étroites. Il devait les remplacer par des structures modernes et de larges boulevards, tout en introduisant un tout nouveau système d'égouts et d'eau douce.

La relation entre les deux hommes de confiance et de responsabilité s'est développée au cours des seize années et demie suivantes. Aucune autre personne au sein du gouvernement n'a occupé un tel poste pendant le Second Empire. Le produit final de cette collaboration a été un tout nouveau Paris. Napoléon III avait exposé ses plans pour transformer complètement la capitale française. Des plans dont Haussmann serait seul responsable.

La clé du nouveau Paris serait de nouvelles avenues et de nouveaux boulevards droits et larges qui devaient traverser les passages et les immeubles médiévaux. Des milliers de propriétés devraient être condamnées et rasées. Le processus, qui incluait la saisie de propriétés privées sur la base du droit d'expropriation, serait confirmé par une nouvelle législature avec son nouveau président, Auguste de Morny. Charles Auguste Louis Joseph, comte de Morny (1811-1865)

Le comte de Morny était le fils illégitime ouvertement reconnu de l'un des aides de camp préférés de Napoléon Bonaparte, le général Charles Joseph, comte de Flahaut, la mère de Morny étant Hortense de Beauharnais. Il était donc le demi-frère de Napoléon III. Le père du comte de Morny était le fils illégitime du prince Charles-Maurice de Talleyrand (1754-1838), le grand survivant des régimes français depuis la Révolution française, Napoléon, le roi Louis XVIII des Bourbons et le roi Louis-Philippe, et sa mère était la comtesse Adélaïde de Flahaut. Morny, comme Talleyrand, était très enclin aux propositions financières très lucratives, comme l'écrit Alan Strauss-Sconn : « Tous les scrupules et les loyautés bancaires professionnelles ont été abandonnés avec un mépris total. »

Máxime Du Camp a observé : Auguste de Morny « a traversé la vie sans effort, tel un enfant gâté de la fortune ». Morny était le grand « facilitateur » en échange d'une énorme « compensation », souvent grâce à la coopération de son demi-frère, bien que sa duplicité ait conduit à une rupture avec les frères Pereire, Émile et Isaac. Mais les financiers, les industriels et la Bourse ont dû traiter avec Morny alors qu'il était président du Corps législatif et contrôlait les décrets impériaux et la législation affectant la Bourse et la finance.

Les taudis de Paris étaient une source de maladies débilitantes. Le choléra a fait 30 000 morts entre les années 1830 et 1860. De grandes parties de la vieille ville ont été déblayées et remplacées par de nouvelles structures, avec accès à l'air frais, à l'eau courante et aux égouts souterrains. Le financement de ces vastes projets a été assuré par le

Parlement, la préfecture et la municipalité de Paris. Les entreprises de construction étaient tenues d'achever leurs travaux dans un délai précis, sous peine de perdre les importantes cautions qu'elles étaient tenues de déposer auprès de la ville.

Pour commencer le nouveau réseau d'avenues, il fallait des portes modernes vers la ville : les nouvelles gares devaient être reliées entre elles et au centre de la ville, ainsi qu'aux bâtiments gouvernementaux et au centre administratif de l'empire, les Tuileries, le palais de l'Élysée et le château de Saint-Cloud. Haussmann écrit : « Il est du devoir du chef de l'État d'avoir les rênes de l'administration de la capitale à portée de main. » Dans le cadre de ce plan, le ministère de l'Intérieur, responsable des préfectures de département et de la police, serait immédiatement transféré dans le bâtiment situé juste en face de l'entrée du palais de l'Élysée, où l'empereur Louis-Napoléon passait de plus en plus de temps.

La première tâche de Haussmann fut de diviser la ville en quatre secteurs en achevant les travaux de la rue de Rivoli d'est en ouest, de la place de la Concorde à la place de la Bastille. La nécessité d'enlever la colline et de niveler le site pour l'extension du boulevard conduisit au développement de la technique de triangulation qui fut alors utilisée et devint une arme inestimable dans les travaux publics pour cartographier l'ensemble de la ville. De l'autre côté de la Concorde, les Champs-Élysées se prolongeraient vers l'ouest jusqu'à la pointe de l'Arc de Triomphe, une nouvelle avenue, qui s'appellerait plus tard le boulevard de Sébastopol, et qui irait en ligne droite jusqu'à la porte de Saint-Denis, d'où elle continuerait sous le nom de boulevard de Strasbourg jusqu'à la gare de l'Est.

Le nouveau boulevard Saint-Michel s'étendrait du pont

Saint-Michel jusqu'au quartier latin. Plusieurs grands carrefours seraient créés, d'où émergeraient des avenues et des boulevards majeurs. De loin le plus grand et le plus impressionnant était l'Étoile, conçue personnellement par Haussmann avec douze artères rayonnant comme les rayons d'une roue. Les Champs-Élysées se terminaient ici. Haussmann a déclaré : « Je considère certainement ce bel ensemble comme l'une des plus belles réalisations de toute mon administration. »

Chaque avenue a été construite par une entreprise distincte. Une loi adoptée en 1852 a permis l'application à grande échelle du droit d'expropriation. Une déclaration d'utilité publique. La saisie de biens privés à des fins publiques. L'expropriation de maisons, de magasins, d'immeubles d'habitation à démolir puis à déblayer. Chaque entreprise de construction était tenue de déposer une caution ou une garantie substantielle auprès de la ville pour garantir le respect total de la loi. En 1858, le préfet Haussmann créa le Trésor des travaux publics de Paris, ce qui lui permit d'accélérer le processus en émettant des obligations, ou des reconnaissances de dette, tirées sur ce fonds.

Haussmann s'appuya sur l'investissement privé et fit des immeubles de rapport le bâtiment parisien générique. Dans sa variante la plus courante, le bâtiment haussmannien compte de cinq à sept étages, selon la rue sur laquelle il donne. Le rez-de-chaussée abrite un commerce qui donne sur la rue et un poste de concierge s'il est situé dans une rue résidentielle. Au-dessus se trouve la mezzanine. Le deuxième étage a les plafonds les plus hauts ainsi qu'un balcon. Les troisième et quatrième étages ont un plafond identique, légèrement plus bas. Le cinquième étage a un balcon. Le sixième étage, souvent le dernier, a la hauteur de plafond la plus basse et abrite les logements des domestiques sous les combles.

Haussmann assistait généralement à la vente des lots et signait les actes. Les contrats spécifiaient « les modifications, clauses et conditions... Les maisons de chaque bloc doivent avoir les mêmes hauteurs de plancher et les mêmes lignes de façade principale, les façades doivent être en pierre de taille avec balcons, corniches et moulures, la hauteur du bâtiment donnant sur la cour ne peut pas dépasser celle de la façade donnant sur la rue ». Le système de construction était simple et clair et la pierre utilisée provenait du sous-sol parisien. La structure du bâtiment était constituée de murs porteurs qui soutiennent les planchers et le noyau du système de contreventement. La pierre utilisée était le calcaire léger de couleur blonde de la région parisienne, et les toits étaient recouverts à un angle de 45° de zinc gris.

Avec l'achèvement des boulevards, les besoins en matière de transports publics se firent plus pressants. Haussmann accorda des concessions de taxis, de fiacres tirés par des chevaux et d'omnibus. Des contrats furent attribués pour la pose de gazoducs souterrains et, en 1870, 33 000 nouveaux points de distribution de gaz pour l'éclairage public, les bâtiments publics et les habitations privées. Le Londres que Louis-Napoléon avait tant admiré et tenté d'imiter était désormais éclipsé par un Paris moderne, nouveau et spacieux. Paris est connue depuis le XVIIIe siècle comme la ville lumière. Cette appellation fait référence à son rôle de premier plan dans les Lumières. Mais avec ses milliers de lampadaires à gaz, Paris est devenue en réalité, comme en théorie, une « ville lumière ».

Pour fournir de l'eau potable, Haussmann entreprit d'importants travaux d'ingénierie pour acheminer l'eau par de nouveaux aqueducs et puits artésiens. De nouveaux égouts souterrains furent construits et, sur ses instructions, de nombreuses écoles furent modernisées ou agrandies, dont la Sorbonne et la faculté de médecine. Napoléon III nomma également Prosper Mérimée premier inspecteur général des monuments historiques. Haussmann fit rénover l'Hôtel de Ville. C'est là que Haussmann et sa femme organisèrent des bals masqués et des réceptions diplomatiques spectaculaires, notamment pour la reine Victoria et le prince Albert lors de leur visite à la première Exposition universelle en 1855.

En 1861, le préfet de la Seine posa la première pierre du nouvel opéra de Charles Garnier. Toutes les grandes gares furent construites et le premier télégraphe fut installé dans tout le pays. Le marché des Halles, conçu par Victor Baltard, l'architecte de la ville, a été construit en fonte et en verre produits à l'échelle industrielle. Une innovation technique également utilisée dans la construction de l'église Saint-Augustin, construite entre 1860 et 1871, également conçue par Victor Baltard, et collègue protestant d'Haussmann, qui combinait une charpente en fonte avec une construction en pierre et supportait le plus grand dôme de Paris. L'église Saint-Augustin devait être le dernier lieu de repos de Napoléon III et était conçue pour être un point de repère très visible à la jonction de deux boulevards.

Sous le Second Empire, cependant, tout le monde avait son prix. Mais ce n'était pas nouveau. Les pots-de-vin énormes reçus par le ministre des Affaires étrangères, le prince de Talleyrand, du premier Napoléon, faisaient parler d'eux dans toutes les capitales européennes. Le comte, plus tard duc de Morny, perpétua cette tradition. Les banquiers, les frères Pereire, des juifs d'origine portugaise de Bordeaux, et les Rothschild, se disputaient les prêts de l'empire de

Napoléon III. Après le Congrès de Paris de mars 1856 qui mit fin à la calamiteuse guerre de Crimée, où Morny s'était ouvertement opposé à la guerre de Crimée, et les dernières magouilles financières de Morny sur les marchés financiers,

Napoléon III, qui avait besoin de prendre ses distances avec son demi-frère, l'envoya en mission en Russie. Morny connut un succès surprenant. En 1856, il épousa une belle princesse de la famille royale âgée de 17 ans, Sophie Troubetzk. Le tsar Alexandre assista au mariage le 19 janvier 1857 et offrit à l'épouse une dot de 500 000 en dineiro. La maîtresse de longue date de Morny à Paris, la comtesse Fanny Le Hon, âgée de cinquante-trois ans, était furieuse. Elle menaça Napoléon III de révéler toutes les affaires louches dont elle avait connaissance. L'empereur fit appel au préfet de police qui envoya l'inspecteur Griscelli au manoir de Fanny sur les Champs-Élysées pour saisir tous les documents potentiellement incriminants.

Pendant ce temps, la construction ferroviaire, d'énormes transactions immobilières, les fabricants de fer et d'acier fournissaient les rails et les locomotives, l'extraction du charbon et du fer était stimulée par les nouvelles voies ferrées. Les investisseurs étrangers anglais et allemands profitaient de l'essor de la bourse, de nouvelles institutions financières émergeaient. James de Rothschild dépassait les Pereire avec de nouveaux fonds d'investissement. Le gouvernement créait les premières banques hypothécaires. Le Crédit Foncier de France finance l'immobilier et le Crédit Industriel et Commercial est la première banque à accepter les dépôts de particuliers. Napoléon III fusionne les ministères de l'Agriculture, du Commerce et des Travaux publics en un super ministère et, dans les années 1860, introduit une nouvelle législation pour créer les premières sociétés anonymes qui lancent les grandes institutions bancaires publiques : la Banque de Paris, le Crédit Agricole, la Société Générale, le Crédit Lyonnais.

Les frères Pereire ont créé un nouveau quartier luxueux à Paris, le Parc Monceau, avec de nouveaux hôtels particuliers, dont celui où Fanny Le Hon a déménagé depuis les Champs-Élysées. Les frères Pereire ont également construit le Grand Hôtel du Louvre pour l'ouverture de l'Exposition de 1855, et leur Grand Hôtel de la Paix de huit cents chambres en face de la place de l'Opéra. Ils ont également développé Arcachon, une station balnéaire avec des villas, des places et des boulevards, ainsi qu'un casino, sur la côte atlantique en 1857, avec une liaison ferroviaire vers Bordeaux. Avec ses brises marines, ses dunes de sable et sa forêt de pins, elle est devenue une station thermale prisée des riches. Auguste de Morny a également créé une ville de Douvres sur la Manche, avec des villas de luxe, un casino, des restaurants et un hippodrome qui porte son nom.

Napoléon III avait envisagé de créer de grands parcs et des dizaines de « places » vertes et Haussmann a dû faire face aux problèmes d'ingénierie complexes liés à la tentative de reproduire Hyde Park et son lac sinueux à Paris. Napoléon III a passé l'une de ses premières périodes d'exil à Londres, dans le quartier de Mayfair, près de Hyde Park et de St James Park, et il voulait que Paris dispose également d'espaces verts ouverts au public. Haussmann fit appel à Jean Charles Alphand, ingénieur en chef et ancien directeur du département des ponts et chaussées de Bordeaux, pour superviser le projet. La tentative de reproduire le lac en forme de serpent de Hyde Park à Londres dut être abandonnée et deux lacs à différents niveaux furent construits à la place.

Des routes supplémentaires ont été construites, ainsi que de vastes jardins fleuris. Des dizaines de milliers de nouveaux arbres ont été plantés sur les 820 hectares bucoliques du bois de Boulogne, créés sur des terres transférées à la ville de Paris en 1852, et le parc a été complété par l'acquisition de la plaine de Longchamps. Le Jockey Club a loué le terrain à condition qu'il y crée un hippodrome et des écuries. Longchamps devint un hippodrome de premier ordre, pour le plus grand plaisir de Morny. Haussmann transféra ensuite le bois de Vincennes à la municipalité. Le désir de Louis Napoléon d'un Paris plus vert se réalisa.

Mais les dépenses augmentèrent. Des emprunts à grande échelle, sous forme d'obligations, étaient essentiels. Ni l'empereur ni Haussmann ne voulaient augmenter les impôts. Le Parlement bloqua le prêt en 1858, le retardant jusqu'en 1860. En 1865, un nouvel emprunt fut approuvé à contrecœur. Les dépenses concernaient l'aménagement du parc des Buttes-Chaumont au nord-est de Paris, dans une ancienne carrière qui avait fourni la pierre utilisée dans de nombreux nouveaux bâtiments, et le début du parc Montsouris de 16 hectares à la limite sud de la ville, avec des lacs et des plans d'eau aménagés.

Haussmann a également démoli l'Hôtel-Dieu situé juste au sud de Notre-Dame, sur l'île de la Cité. La moitié des bâtiments de l'île de la Cité ont été démolis. Les deux ponts reliant l'île ont été entièrement reconstruits et l'espace devant Notre-Dame a été agrandi. Haussmann voulait supprimer entièrement l'Hôtel-Dieu, mais l'empereur s'y est opposé et l'hôpital a été déplacé de l'autre côté de l'île, plus large. À la fin des années 1860, la population de l'île de la Cité était passée de 25 000 à 5 000 habitants et elle était devenue un centre administratif avec l'hôtel de ville rénové, siège de la préfecture.

Haussmann réorganisa et élargit les limites de Paris en incorporant les zones suburbaines et en établissant la nouvelle organisation des arrondissements parisiens. En 1860, les banlieues de Paris furent annexées autour de la ville. De douze arrondissements, elle passa à vingt. Haussmann élargit ses plans avec de nouveaux boulevards qui relieraient tous les arrondissements au centre-ville. Les taxes municipales ont été prélevées sur les nouveaux quartiers à partir du 1er janvier 1860. En 17 ans, 600 000 arbres ont été plantés. Haussmann a développé un bureau municipal où ont été conçus des clôtures de jardin, des kiosques à journaux, des urinoirs publics et des lampadaires, ainsi que les kiosques à musique décoratifs des 27 parcs et places qui ont été installés dans toute la ville.

Haussmann, cependant, qui n'avait pas grand-chose, n'avait pas grand-chose. Il était d'une honnêteté exaspérante, bien qu'il soit devenu la cible idéale des ennemis de Louis-Napoléon. Et ils étaient nombreux. Après la mort de Morny en 1865, Haussmann devint la cible d'attaques croissantes contre sa probité. Il était responsable de plusieurs centaines de millions de francs par an et c'était lui qui prenait les décisions finales.

En 1867, Napoléon III, affaibli politiquement et en très mauvaise santé, ordonna à Haussmann de démissionner. Haussmann résista, mais en janvier 1870, il fut démis de ses fonctions. Au moment où Haussmann fut démis de ses fonctions, il avait supervisé la démolition de 19 722 bâtiments qui avaient été remplacés par quelque 43 777 nouvelles structures, toutes équipées d'eau courante et d'installations sanitaires. Il a conçu et supervisé la construction de 95 kilomètres de nouvelles rues éclairées au gaz. Il n'avait jamais accepté un seul pot-de-vin. Il n'avait pas non plus spéculé ou possédé une seule propriété. Il avait supervisé des dépenses équivalant à plus de 32 millions de dollars : tout était correctement comptabilisé jusqu'au dernier centime. Sa pension a été supprimée après la chute du Second Empire. Il n'a pas pris sa retraite en homme riche.[3]

CONCLUSION

« Hegel remarque quelque part que tous les grands événements et personnages de l'histoire du monde apparaissent, pour ainsi dire, deux fois. Il a oublié d'ajouter : la première comme tragédie, la seconde comme farce. » Karl Marx parlait de Napoléon Ier et de Napoléon III. Otto von Bismarck était encore plus condescendant à l'égard du règne de Louis-Napoléon. Bismarck avait passé l'année 1861 en tant qu'envoyé diplomatique prussien à Paris, où il avait cherché à comprendre la ville et le pays. Il avait observé : « Vu de loin, cela semble très impressionnant. De près, on se rend compte que ce n'est rien. »

Les historiens n'ont pas été tendres avec la mémoire de Napoléon III. Le 1er mars 1871, l'empereur Guillaume Ier, Bismarck, Moltke et l'armée prussienne ont célébré leur victoire par un grand défilé de 30 000 soldats sur les Champs-Élysées jusqu'à l'Arc de Triomphe. Napoléon III avait entraîné la France dans la désastreuse guerre franco-allemande de 1870-71. Une offensive menée par les troupes prussiennes supérieures, dirigées par le général Helmuth von Moltke, avait encerclé l'armée française du Rhin dirigée par Achille Bazaine à Metz. Bazaine était un soldat professionnel qui avait dirigé l'armée française au Mexique, après avoir servi en Algérie et en Espagne et pendant la guerre de Crimée : il se rendit.

Le 1er septembre 1870, l'armée française du général Patrice MacMahan capitula également face aux Allemands dans la petite ville de Sedan, au nord-ouest. MacMahon avait également servi en Algérie. Le 2 septembre 1879, Napoléon III quitta la Porte Sud de Sedan. Il attendait l'arrivée de Bismarck. Bismarck dit à Napoléon III que seul Moltke était habilité à répondre à toute question, Louis Napoléon expliqua qu'il était là à titre personnel et non en tant que souverain de France et qu'il pouvait se rendre lui-même ainsi que l'armée de Châlons, Quelques minutes plus tard, le roi de Prusse arriva à cheval ainsi que le prince royal. L'armée entière de Châlons se rendit alors, soit quelque 90 000 hommes, ainsi que le maréchal McMahon. Louis Napoléon est informé qu'il sera emprisonné au palais de Wilhelmshöhe près de Cassel.

L'impératrice Eugénie, régente en l'absence de son mari, est abandonnée. Le 4 septembre, le palais des Tuileries est encerclé par une foule en colère de 200 000 hommes et femmes. Seuls l'ambassadeur d'Autriche, Richard von Metternich, et l'ambassadeur d'Italie, Constantine Nigra, restèrent à ses côtés. Nigri héla une calèche ouverte sur la Rua de Rivoli et atteignit finalement la demeure du dentiste américain de Louis Napoléon, Thomas Evans, sur l'avenue de l'Impératrice (aujourd'hui avenue Foch), récemment construite par Haussmann. De là, dans la Landau fermée d'Evans, ils se rendirent à Deauville où l'impératrice Eugénie embarqua sur le yacht anglais pour Rye. À la fin du mois, Evans avait loué le petit manoir géorgien de Camden Place à Chislehurst, dans le Kent, à quelques kilomètres au sud-est de Londres, où elle fut rejointe par son fils de quatorze ans, qui avait été envoyé auparavant en Angleterre par son père.

Le baron Haussmann quitta Paris pour Bordeaux alors que l'empire s'effondrait. Lorsque Bordeaux ne lui sembla plus sûr, il traversa la frontière italienne sous un faux nom et avec un faux passeport. Il y resta jusqu'à ce qu'il soit possible de retourner en France en toute sécurité. Les Rothschild vécurent également des moments difficiles et les Prussiens occupèrent leur château familial à Ferrières. Bismarck prit un malin plaisir à occuper le château appartenant à des Juifs. Paris capitula devant les Prussiens en janvier 1871. Une paix préliminaire fut signée à Versailles. La France perd l'Alsace-Lorraine, est contrainte de payer une indemnité de guerre de cinq millions de francs avant septembre 1875, et l'est de la France doit être occupé jusqu'au paiement final. Le 18 janvier 1871, lors d'une somptueuse cérémonie organisée dans la galerie des Glaces, un royaume allemand unifié est déclaré, non pas à Berlin, mais à Versailles.

Victor Hugo a qualifié 1870-71 d'« Année terrible ». Mais il est parti pour Bruxelles. Pendant le siège de Paris, « Ce n'est plus une ville. C'est une forteresse, et ses places ne sont plus que des terrains de parade », a écrit un habitant. Les écuries et les jardins des Tuileries étaient désormais un vaste parc militaire. L'Opéra Garnier inachevé était un dépôt militaire. Les officiers de la Garde nationale étaient cantonnés à la Bourse. Les points culminants, dont l'Arc de Triomphe, devinrent des stations de sémaphore. Les prostituées furent déplacées dans des ateliers pour coudre des uniformes. Le Palais-Royal et le Grand Hôtel du Louvre devinrent des hôpitaux. Les vols en ballon offraient de l'espoir. Deux ou trois ballons étaient lancés chaque semaine. Puis on utilisa des pigeons voyageurs. La gare d'Orléans (aujourd'hui la gare d'Austerlitz) et la gare du Nord furent réquisitionnées par le service postal et transformées en usines à ballons. Le 1er janvier 1871, Moltke ordonna à ses forces prussiennes de lancer 300 à 400 obus par jour sur Paris depuis son canon Krump. C'était la première fois dans l'histoire de la guerre moderne que la population civile était bombardée sans discrimination.

Paris allait subir deux désastres militaires et politiques en un an. La Commune de Paris a commencé en réaction à l'ordre de l'Assemblée nationale française réunie à Versailles, en vertu duquel Adolphe Thiers avait tenté, sans succès, de s'emparer des 200 canons de la garde nationale sur la butte Montmartre. Les soldats ont refusé. Deux généraux sont assassinés et leurs corps souillés d'urine. Thiers nomme le maréchal Patrice MacMahon, qui a fait capituler l'armée française à Sedan, à la tête des troupes de l'Assemblée. Bismarck permet à l'armée française de s'étoffer jusqu'à atteindre 170 000 hommes en libérant les soldats français emprisonnés.

Paris fut de nouveau assiégée. Les exécutions commencèrent des deux côtés et des barricades furent érigées dans toute la ville. Les Communards établirent des points forts avec des canons à Montmartre, au Panthéon et au Trocadéro. Georges Clemenceau, maire du 18e arrondissement, déclara : « Nous sommes pris entre deux bandes de fous : ceux qui siègent à Versailles et ceux qui sont à l'Hôtel de Ville. » L'archevêque de Paris, Monseigneur Georges Darboy, fut arrêté et emprisonné. La France provinciale était fortement catholique. Les communards considéraient l'Église comme corrompue et avare. Le 18 avril 1871, Karl Marx fut chargé par le Conseil général de l'Internationale d'écrire une brochure sur la Commune.

En mai, le palais des Tuileries, où Napoléon III et l'impératrice Eugénie avaient somptueusement reçu leurs invités, fut occupé, l'hôtel particulier de Thiere fut pillé et le Grand Hôtel du Louvre fut dépouillé de sa nourriture, de son alcool, de son tabac, de ses tables et de son mobilier. Les exécutions sommaires étaient monnaie courante.

130 000 soldats de Versailles entrèrent dans la ville, Jules Bergeral avait empilé des dizaines de barils de poudre à canon sous le dôme central de la Salle des Maréchaux du Palais des Tuileries. Il y mit le feu. Le dôme fut soufflé et le palais fut consumé par les flammes dans un enfer rugissant.

L'archevêque Darboy fut conduit devant un peloton d'exécution avec six autres prêtres. Le peloton d'exécution échoua trois fois à le tuer et le coup de grâce fut porté par un pistolet et des baïonnettes. Son corps et celui de ses compagnons furent jetés dans une fosse ouverte au cimetière du Père-Lachaise. Entre 20 000 et 30 000 communards furent tués. Karl Marx dira plus tard : « Thiers est le véritable assassin de l'archevêque Darboy ». La dernière résistance eut lieu au cimetière du Père-Lachaise. 147 communards y furent fusillés et enterrés dans une fosse commune. Le nombre de morts de la Commune éclipse celui de la Terreur pendant la Révolution française.

La grande entreprise de Napoléon III et du baron Haussmann à Paris s'était soldée par une catastrophe. Le château de Saint-Cloud fut également détruit pendant la guerre franco-prussienne de 1870. Il avait été le théâtre du coup d'État de Napoléon Bonaparte qui renversa le Directoire en 1799 : c'est là que fut proclamé le 18 brumaire.

Alors que dire au final de tout cela ? De la reconstruction de Londres, de Lisbonne, de Paris ?

Le 15 janvier 1873, le cercueil de Louis Napoléon Bonaparte fut placé sur un corbillard devant Camden Place, dans le Surrey, en Angleterre, où il s'était exilé après avoir été capturé par les forces de Bismarck et des Prussiens. Il devait y avoir 20 000 personnes à Chislehurst, selon *le London Times*. Les trains de Londres avaient amené des milliers de personnes. Louis Napoléon gisait embaumé dans son uniforme de lieutenant général de la Chambre ardente, son épée à ses côtés et à ses pieds un bouquet d'immortelles jaunes, les fleurs préférées de sa mère. Il portait son alliance et celle de Napoléon Ier à la main gauche.

Le gouvernement français avait refusé de donner une reconnaissance officielle à ses funérailles et n'avait envoyé aucun représentant officiel, empêchant ainsi le gouvernement anglais ou la reine Victoria et la famille royale d'y participer. Le drapeau royal à Windsor fut cependant mis en berne, la reine Victoria et la cour royale étant en deuil pendant quinze jours.

Plus tard, la dépouille de Louis-Napoléon fut placée dans un magnifique sarcophage offert par la reine Victoria. La bannière royale du château de Windsor fut suspendue au-dessus de la tombe. Six ans plus tard, le prince Louis-Napoléon IV, âgé de vingt-trois ans et officier dans l'armée anglaise, fut tué dans une embuscade zouloue en Afrique du Sud. Son cercueil fut ramené à Chislehurst et placé à côté de celui de son père.

Le gouvernement français ne pleura pas la mort de Louis Napoléon. La nouvelle République française allait effacer Napoléon III et le Second Empire de l'histoire de France, et le maréchal Patrice de Mac-Mahon, en échange de la cession de l'ensemble de l'armée française à Bismarck en 1870, serait élu président de la République.

Le prince Édouard, futur roi Édouard VII, alors prince de Galles, était dévoué à Louis-Napoléon depuis 1855 et lui avait écrit presque quotidiennement en son nom et en celui de la reine. Il était dévoué à Louis-Napoléon depuis le jour de leur première rencontre à Paris lors de l'Exposition universelle de 1855.

Bismarck et la Commune de Paris ont marqué le règne

de Napoléon III et le Second Empire français, tout comme le soulèvement de 1848 en a marqué le début.

Les projets impériaux en Algérie, en Indochine et au Mexique ont également marqué le règne de Napoléon III et la destruction et la reconstruction du nouveau Paris par Haussmann. Karl Marx, Victor Hugo, Manet et Monet allaient définir l'image historique de Napoléon III et, pendant de nombreuses années, la réputation de la reconstruction de Paris par Haussmann.

Mais qu'est-il advenu des hommes qui avaient tenté de refaire Londres et avaient refait Lisbonne et Paris ?

Il est ironique que le prince impérial, fils de Napoléon III, soit mort en Afrique du Sud aux mains des Zoulous.

L'archiduc autrichien Maximilien, empereur du Mexique, a été fusillé par un peloton de Juaristes (et non par des soldats français comme le montre le tableau d'Edouard Manet) sur une colline désolée près d'Oaxaca, au Mexique.

Pombal mourut très malade et en disgrâce, en exil loin de Lisbonne, dans l'arrière-pays portugais. Après l'arrivée d'une commission d'enquête chargée d'examiner son règne, qui fut interrompue par Marie Ire en raison, selon le décret, de son âge avancé et de ses maladies.

Son corps fut ensuite transféré et enterré dans l'Igreja da Memória de Lisbonne, peu fréquentée.

Le corps de l'empereur Napoléon III repose dans une petite abbaye fondée par son épouse près de l'aéroport de Farnborough, dans le Surrey, où se tiennent les salons aéronautiques de Farnborough. L'impératrice est décédée en 1920 et repose désormais aux côtés de son mari et de son fils. L'abbaye est entretenue par une poignée de religieuses. Elle n'est actuellement pas ouverte au public.

Christopher Wren est enterré dans sa grande cathédrale de Saint-Paul à Londres.

Inigo Jones repose dans l'église galloise, largement oublié. Bien qu'au cours des dernières années, Covent Garden soit redevenu un quartier à la mode et culturel avec le Royal Opera House, ainsi que des hôtels et restaurants branchés à proximité.

Les rues de Londres sont restées pratiquement inchangées depuis le grand incendie de Londres, lorsque Christopher Wren s'est vu refuser la possibilité de réaménager la capitale.

Mais Lisbonne et Paris restent telles que le Marquês de Pombal et Napoléon III les avaient imaginées, toutes deux reconstruites pour refléter la modernité, Lisbonne après le tremblement de terre catastrophique de 1755, et Paris entre les soulèvements révolutionnaires européens de 1848 et la défaite catastrophique de la France par Bismarck et une Prusse renaissante, le siège de Paris et les jours sanglants de la Commune de Paris.

George Haussmann retourna à Paris et passa ses derniers jours dans un logement loué avec sa maigre pension de 6 000 francs. Dans ses mémoires, il écrit : « Aux yeux des Parisiens, qui aiment la routine dans les choses mais sont changeants quand il s'agit des gens, j'ai commis deux grandes fautes. Pendant 17 ans, j'ai perturbé leur routine quotidienne en bouleversant Paris ; et ils ont dû regarder le même visage de préfet à l'Hôtel de Ville. C'étaient deux griefs impardonnables. » Aujourd'hui encore, de nombreux Parisiens le considèrent comme un escroc.

Mais peut-être que Georges Haussmann a le dernier mot, ou peut-être la dernière grimace. Il est enterré au cimetière du Père-Lachaise à Paris : le premier cimetière paysager. Les Parisiens le considèrent peut-être encore comme corrompu, ce qu'il n'était pas, contrairement au demi-frère de Napoléon III, le comte de Morny. Mais parmi ses compagnons de tombe au cimetière du Père-Lachaise se trouvent Jim Morrison, Oscar Wilde, Édith Piaf, Isadora Duncan, Maria Callas, Gertrude Stein, Chopin, Colette, Richard Wright, Miguel Angel Asturias, Rossini, Bizet, Sarah Bernhardt : Peu de gens s'y seraient rendus si Napoléon III et le baron Haussmann n'avaient pas refait Paris. Ce qui, malgré les troubles politiques et les nombreux nouveaux régimes au fil des ans, est toujours le cas aujourd'hui.[4]

4
RENOVAÇÃO URBANA E MODERNISMO: LONDRES APÓS O GRANDE INCÊNDIO DE 1666; LISBOA APÓS O GRANDE TERRAMOTO DE 1755; PARIS SOB NAPOLEÃO III E O BARÃO HAUSSMANN.

No outono de 2024, Kenneth Maxwell participou num colóquio internacional sobre Arte e Literatura Luso-Brasileira. A sua palestra incidiu sobre um tema que englobava a forma como a reconstrução de Lisboa após o grande terramoto de 1755 se enquadrava na reconstrução de duas outras grandes cidades europeias, nomeadamente Londres e Paris.

O título da palestra foi:

Catástrofes, renovação urbana e modernismo: Londres após o Grande Incêndio de 1666; Lisboa após o Grande Terramoto de 1755; Paris sob Napoleão III e o Barão Haussmann. Segue-se uma versão mais longa da palestra proferida na conferência.

LONDRES: O GRANDE INCÊNDIO E OS PLANOS FALHADOS PARA A RECONSTRUÇÃO DA CIDADE

Inigo Jones está sepultado na igreja galesa de St. Benetton, em West Paul 's Wharf, atualmente 93 Queen Victoria Street, na cidade de Londres. Nasceu em Smithfield, na cidade de Londres, em 1577, e morreu em Somerset House, em 23 de junho de 1652. Inigo Jones era filho de um trabalhador de tecidos galês. O seu assistente, também nascido em Smithfield, John Webb, também morreu na Somerset House em 1672.

Inigo Jones projetou edifícios revolucionários: A Casa da Rainha em Greenwich, em 1616. A Casa de Banquetes em Whitehall foi concluída em 1622. A sua conceção e disposição da grande praça residencial e da igreja de Covent Garden. Projectou um novo e magnífico palácio que nunca foi construído para o rei Carlos I.

Inigo Jones foi o primeiro a introduzir a arquitetura clássica de Roma e o Renascimento italiano na Grã-Bretanha. Passou algum tempo em Roma e em Itália e trabalhou depois para o rei Cristiano IV da Dinamarca.

A Rainha Ana da Dinamarca, consorte de Jaime I, tornou-se sua patrona em Londres. Em 1613, foi nomeado inspetor das Obras do Rei. Era um hábil desenhador de trajes e cenários que, juntamente com Ben Johnson, produziu muitas máscaras da corte para a Rainha Ana. O magnífico teto de Rubens para o Salão de Banquetes de Whitehall foi pintado em Antuérpia e instalado em 1636. Celebrava a união das coroas de Inglaterra e da Escócia e a criação da Grã-Bretanha.

A Casa da Rainha de Inigo Jones, em Greenwich, foi construída para a Rainha Ana, virada para o Tâmisa. Foi o primeiro edifício em Inglaterra a ser concebido em estilo clássico puro. Seguiu os desenhos dos "Quatro Livros de Arquitetura" de Palladio.

Inigo Jones projectou a grande praça residencial ou piazza de Covent Garden, seguindo a piazza de Livorno, por encomenda do Conde de Bedford. Foi o primeiro desenvolvimento urbano planeado em Londres.

O assistente de Inigo Jones, John Webb (1611-1672), trabalhou com ele a partir de 1628. Na década de 1640, Jones e Webb projectaram em conjunto a Wilton House, perto de Salisbury. John Webb atuou como espião de Carlos I em Londres durante a Guerra Civil. Após a morte de Jones em 1652, Webb herdou uma fortuna substancial e muitos dos projectos e desenhos de Jones.

A Guerra Civil de 1642 pôs fim à carreira de Inigo John. Mas a influência dos seus projectos arquitectónicos e do seu estilo de construção na futura arquitectura britânica foi considerável. A oportunidade e o desafio de reconstruir Londres foram o resultado de duas catástrofes: A grande praga de 1665-1666 e o grande incêndio de Londres de 1666.

A grande peste de 1665-1666 foi a última grande epidemia de peste bubônica transmitida por pulgas e piolhos na Inglaterra. A peste matou 100.000 pessoas, ou seja, um quarto da população de Londres, e obrigou o rei Carlos II e a sua corte a fugir de Londres, primeiro para Salisbury e depois para Oxford.

O Grande Incêndio de Londres de 1666 destruiu grande parte da cidade, desde a Torre de Londres até Fleet Street.

Samuel Pepys refugiou-se na margem sul do Tamisa e viu as chamas consumirem a cidade medieval. Pepys escreveu: "Chorei ao ver... o barulho horrível que as chamas faziam, o estalar das casas na sua ruína".

Cinco sextos da cidade murada foram destruídos.

Carlos II emitiu uma proclamação prometendo "uma cidade muito mais bela do que a que foi consumida desta vez". Também sublinhou o seu desejo de impor vias principais como Cheapside e Cornhill, que seriam "tão largas que, com a bênção de Deus, evitariam o mal que poderia sofrer se a outra estivesse a arder".

Enquanto o fogo continuava a arder, Christopher Wren, tinha como objetivo criar uma nova cidade a partir das cinzas: "tornando toda a cidade regular, uniforme, durável e bela". Apresentou a sua ambiciosa visão de uma nova Londres em 1666 ao Rei Carlos II, pessoalmente, a 11 de setembro, pouco mais de uma semana após a extinção do incêndio. Antes do Grande Incêndio, a cidade de Londres era uma massa amontoada de edifícios com estrutura de madeira, estendendo-se a cidade desde a Torre de Londres, a leste, até Fleet Street e Strand, a oeste.

O incêndio de 1666 começou na padaria de Thomas Farryner em Pudding Lane, uma rua estreita a poucos metros da cabeceira da London Bridge, na madrugada de domingo, 2 de setembro. Na segunda-feira, o fogo tinha destruído a Royal Exchange de Thomas Gresham. As estradas que saíam da cidade estavam entupidas de carroças e carruagens. Na terça-feira, o fogo tinha-se propagado para além dos limites da cidade, em Ludgate, e pela Fleet Street.

O fogo chegou à Catedral de S. Paulo, onde as madeiras em chamas caíram sobre as pilhas de livros no adro da igreja. S. Paul's ficou em chamas, com jactos de chumbo derretidos a correr pelas ruas circundantes.

O incêndio durou quatro dias e destruiu a maior parte da zona medieval da cidade. Espalharam-se rumores de que o fogo tinha sido deliberadamente ateado por franceses, holandeses e papistas. As multidões percorriam as ruas, espancando selvaticamente todos os que pareciam ou soavam como estrangeiros.

Quando se tornou evidente que o Lord Mayor Thomas Bludworth (1620-1682) era incapaz de responder ao incêndio, o Rei Carlos encarregou o seu irmão, James Stuart, o Duque de York, de o fazer. Organizou uma série de estações num grande arco à volta do incêndio, cada uma delas supervisionada por um cortesão, ajudado por três juízes, trinta soldados, os policiais da paróquia e uma centena de civis.

O Rei Carlos II e James, o Duque de York (1633-1701), supervisionaram pessoalmente a demolição de ruas inteiras de casas e conseguiram criar uma série de corta-fogos que retardam a propagação do incêndio para oeste.

Ao cair da noite de quarta-feira, 5 de setembro, o pior já tinha passado. Em cinco dias, mais de 200.000 londrinos tinham ficado sem casa. 13.000 edifícios tinham sido destruídos. Uma área de 436 acres estava em ruínas, incluindo a Catedral de S. Paulo, a Bolsa, a Alfândega, os pavilhões de 44 das empresas da cidade e 86 igrejas paroquiais.

De Oxford, quando o céu se tornou vermelho, Christopher Wren viu uma oportunidade. Foi a Londres para inspecionar as ruínas fumegantes e depois começou a trabalhar nos seus planos arquitectónicos mais ambiciosos: um projeto não só para uma nova catedral, mas para toda uma nova cidade.

O rei Carlos II convidou arquitetos e topógrafos a apresentarem planos alternativos de reconstrução. A condição que estipulou foi que: "Nenhum homem deve [sic] presumir erigir qualquer casa ou edifício, grande ou pequeno, que não seja de tijolo ou pedra".

Foram apresentados vários planos: Richard Newcourt

(1610-1679) propôs uma série de praças públicas. No meio de cada uma delas, uma igreja e um adro. Este plano podia ser alargado várias vezes: Alguns historiadores da arquitetura acreditam que a ideia de Newcourt constituiu a base do plano para Filadélfia - que, por sua vez, se tornou o modelo para o sistema de grelha americano.

O capitão do exército, Valentine Knight, propôs ruas longas no sentido leste/oeste e secções transversais ocasionais no sentido norte/sul. Propôs também um novo canal "pelo qual o Rei poderia cobrar uma portagem, para angariar dinheiro para ajudar a reconstruir Londres após o incêndio". O canal encontrar-se-ia com o rio Fleet a noroeste, desembocando no Tamisa a oeste da Torre de Londres. Mas o Rei Carlos não estava interessado e mandou prender Valentine Knight por ter sugerido que o Rei poderia beneficiar financeiramente de tal calamidade.

Robert Hooke (1635-1703), filósofo e agrimensor, propôs uma visão radical. Um sistema de grelha constituído por quarteirões de dimensões semelhantes, com quatro grandes praças de mercado e igrejas a cada poucos quarteirões.

Sir John Evelyn (1620-1706), que ocupou cargos públicos proeminentes durante o reinado de Carlos II e que tinha viajado muito por Itália e França, queria que Londres fosse reconstruída de acordo com uma planta radial de estilo italiano, com praças e avenidas largas.

Christopher Wren (1632-1723), propôs que as estreitas ruas medievais fossem substituídas por largas avenidas que se estendiam a partir de piazzas. Para ele, a piazza da bolsa real seria uma enorme piazza de ponta redonda rodeada por ruas radiais, com os correios e os impostos especiais de consumo a norte da piazza, os ourives de cada lado da piazza e o banco, a casa da moeda e a casa de seguros a sul.

Toda a Piazza da bolsa real seria delimitada a sul pela ampla e reta Leadenhall Street. A nova catedral de São Paulo situar-se-ia na intersecção da Leadenhall Street com a Ludgate e a Fleet Street, em frente a uma praça triangular. A área ao longo do Tamisa ter-se-ia tornado um longo cais público. Christopher Wren imaginou uma cidade comercial e mercantil onde o comércio e o comércio teriam um lugar de destaque.

O rei Carlos II nomeou Wren como um dos seis comissários encarregados de supervisionar os trabalhos de reconstrução, mas os proprietários fizeram valer os seus direitos e começaram a construir de novo nos lotes, seguindo as linhas das anteriores ruas medievais.

O rei Carlos II não tinha vontade de se envolver em batalhas legais com os ricos comerciantes e vereadores de Loudon. Um Tribunal de Incêndio, em fevereiro, começou a resolver os litígios que restavam e a Lei da Reconstrução de 1666 regulamentou a altura dos edifícios (não mais de quatro andares) e os tipos de materiais utilizados: Os exteriores de madeira foram proibidos. Os novos edifícios deviam ser construídos em tijolo e pedra

Em fevereiro de 1667, o Tribunal de Incêndio começa a resolver os litígios pendentes. O projeto final para a reconstrução de Londres foi apresentado ao Parlamento em 8 de fevereiro de 1667: Os padrões em grelha e as grandes avenidas, os pontos redondos e as terminações das vistas, à reorientação arquitetónica da cidade como uma capital mercantil moderna tinham desaparecido. O único elemento do projeto de Wrens que foi implementado foi a canalização do rio Fleet, que também fazia parte da proposta de Evelyn.

No entanto, 130 anos mais tarde, as ideias de Wren ganharam expressão concreta nas margens do Potomac, quando Thomas Jefferson e Pierre L'Enfant se inspiraram fortemente na sua gravura para projetar a nova capital federal dos Estados Unidos, que viria a ser Washington DC.

O facto de as ideias de Wren não se terem tornado realidade deveu-se também à falta de dinheiro, causada pela segunda e terceira guerras anglo-holandesas de 1665-1667 e 1672-1674. A segunda guerra anglo-holandesa assistiu ao audacioso ataque surpresa a meio caminho quando, em junho de 1667, os holandeses atacaram a frota inglesa no seu porto de origem, em Chatham: foi a "derrota mais humilhante sofrida pelas armas britânicas", nas palavras de Charles Boxer. O ambiente de revolta em Londres obrigou Carlos II a assinar o Tratado de Breda (1667).

As complexas questões relativas à propriedade das terras em Londres prevaleceram. Os edifícios de Londres foram reconstruídos nos seus terrenos originais, mas utilizando tijolo e pedra em vez de madeira. A reconstrução durou mais de dez anos, com Robert Hooke, como inspetor das obras, e com Sir Christopher Wren, que concebeu e construiu a nova Catedral de São Paulo e cinquenta novas igrejas, bem como o observatório real de Greenwich.

Este período assistiu também ao nascimento do império ultramarino britânico nas Índias Ocidentais e na Índia. Durante a segunda guerra anglo-holandesa, James Stuart, Duque de York, viu a colónia holandesa de Nova Amesterdão, na América do Norte, ser conquistada e rebatizada de Nova Iorque em sua honra. O nome do bairro de Queens foi dado em honra da Rainha Catarina de Bragança. James Stuart tornou-se também governador da Companhia Real Africana que, em 1660, obteve o monopólio do comércio inglês com a costa africana.

Inicialmente, a Royal Africa Company comercializa ouro da África Ocidental, mas rapidamente descobriu que o comércio de escravos com as novas colônias inglesas na América do Norte e nas Índias Ocidentais, em particular a ilha da Jamaica, tomada aos espanhóis em 1655, era muito mais lucrativo. Entre 1660 e 1731, 187 697 africanos escravizados foram transportados para as colónias inglesas nas Américas em 653 navios propriedade da companhia: muitos dos africanos escravizados foram marcados com as iniciais DoY, do Duque de York, ou RAC, da Royal Africa Company. A Companhia das Índias Orientais também expandiu as suas atividades na Índia.

Este período assistiu à criação do Banco de Inglaterra (1694) e ao aparecimento da dívida e das finanças públicas. O aparecimento das grandes companhias comerciais: A Companhia das Índias Orientais (1600-1874) e a Companhia Real de África (1660-1752).

Os parques reais, Hyde Park e St. James Park, em Londres, também foram abertos ao público e tornaram-se espaços públicos populares.

Carlos II funda a Royal Society. A Royal Society começou por ser a Sociedade Real de Londres para melhorar o conhecimento natural e recebeu uma carta real do Rei Carlos II em 28 de novembro de 1660. Era a sede das novas ciências e as reuniões da sociedade realizavam-se no Gresham College. Entre os seus fundadores contavam-se Christopher Wren, Robert Boyle e John Wilkins. Durante o grande incêndio, a sociedade mudou-se para Arundel House e regressou ao Gresham College em 1673. Sir Isaac Newton tornou-se o Presidente da Royal Society em 1703 até 1727. A Royal Society mudou-se para Crane Court de Fleet Street em 1710,

Isaac Newton (1643-1727) foi o grande polímata, matemático, físico, astrônomo, alquimista e teólogo inglês, uma figura-chave da revolução científica e do Iluminismo.

Diz-se que observou a maçã a cair de uma árvore no jardim, o que inspirou o seu trabalho sobre a gravitação, quando se encontrava em Woolsthorpe Manor, no Lincolnshire, para evitar a grande peste de 1665-66. No Trinity College da Universidade de Cambridge, onde era professor de Matemática de Lucassen, foi pioneiro nos trabalhos sobre a gravitação e a ótica. O seu Philosophiae Naturalis Principia Mathematica (Princípios Matemáticos da Filosofia Natural), publicado pela primeira vez em 1687, contestou muitos resultados anteriores e estabeleceu a mecânica clássica

Newton tinha chegado a Londres em 1696, quando foi nomeado Diretor da Casa da Moeda Real e, três anos mais tarde, foi nomeado Mestre da Casa da Moeda, cargo que ocupou durante 30 anos. O ouro para as moedas de ouro vinha de África e do Brasil, via Portugal, e era uma componente fundamental do comércio anglo-português durante o século XVIII. Embora tenha perdido todo o seu investimento durante a Bolha do Mar do Sul, morreu como um homem rico, pois recebia uma comissão por cada moeda de ouro cunhada pela Casa da Moeda Real na Torre de Londres.

Na década de 1670, o único precedente inglês para uma igreja paroquial clássica era St. Paul's Covent Garden de Inigo Jones, um templo intransigente consagrado em 1638. A sua poderosa simplicidade não era do gosto de Wren. Sob o reinado de Carlos I, o 5º Conde de Bedford converteu a sua propriedade na primeira experiência de planeamento urbano em Londres. Em 1630, encomendou a Inigo Jones a criação da primeira grande piazza de estilo italiano, uma praça pública que se tornou uma residência da moda para membros da aristocracia londrina e embaixadores.

Mas, após o grande incêndio de Londres, a grande praça de Covent Garden tornou-se o local de um mercado de frutas e legumes frescos. No século XVIII, a zona tornou-se famosa pelos seus bordéis, cafés e tabernas barulhentas. No entanto, no início do século XVIII, assistiu-se a um renascimento e à publicação dos planos e projectos de Inigo Jones e a um interesse renovado pelos seus edifícios, o Banqueting Hall em Whitehall, a Casa da Rainha em Greenwich e os seus projectos para a Piazza de Covent Garden, bem como o seu projeto para o novo Palácio Real que o Rei Carlos I tinha planeado para Whitehall.

O rei Carlos I conheceu o seu fim quando foi decapitado numa plataforma construída para o efeito no exterior do Banqueting Hall de Inigo Jones, em Whitehall, um destino bem recordado pelo seu filho, o rei Carlos II. O anatomista de Oxford, William Gould, contou a Hans Sloane (1660-1753), sucessor de Newton e presidente de longa data da Royal Society, em janeiro de 1681: Foi uma época de "problemas, ciúmes, medos, conspirações e contra-conspirações" que deixou a Inglaterra "uma nação instável e cambaleante".

No entanto, o período tinha registado mudanças importantes e duradouras: a catástrofe da guerra civil e a restauração Stuart, a criação da sociedade real e a revolução científica, a ascensão do império nas Índias ocidentais e orientais, o crescimento do tráfico de escravos e das colónias açucareiras nas Caraíbas, o aparecimento do sistema bancário e a política do mercantilismo, a introdução da arquitetura clássica e do urbanismo em Inglaterra por Inigo Jones, nomeadamente na praça residencial de Covent Garden, e a primeira tentativa, frustrada como foi, de Sir Christopher Wren, após o grande incêndio catastrófico, e a sua tentativa de redesenhar a cidade de Londres.

LISBOA: O GRANDE TERRAMOTO DE 1755 E A RECONSTRUÇÃO DE LISBOA

Após o grande incêndio de 1666, Londres expandiu-se, com os ricos a mudarem-se para oeste, para novos edifícios e praças, enquanto os pobres se deslocavam para leste, onde se situavam as docas e os armazéns da Companhia das Índias Orientais e de onde Londres conduzia o seu florescente comércio mercantil com as suas novas colônias nas Índias Ocidentais, protegidas pelas leis de navegação, bem como o extenso comércio ultramarino da Inglaterra com a França, a Península Ibérica e o Báltico. .

Portugal ocupava um lugar especial no comércio ultramarino da Inglaterra desde que, em 1703, foi assinado o Tratado de Methuen, que concedia um acesso especial do vinho português ao mercado inglês e dava aos ingleses um acesso privilegiado dos artigos de lã ingleses a Portugal.

Em 1714, o rei Jorge I tornou-se o primeiro monarca hanoveriano, sendo sucedido por Jorge II em 1727, que reinou até 1760.

Neste período, Hans Sloane (1660-1753), exemplificou uma nova era. Era o clássico outsider, um homem do Ulster. Ou seja, era um protestante nascido no seio de uma família que foi "plantada" na Irlanda católica durante o reinado do rei Jaime I.

A "plantação" de protestantes no Ulster teve a oposição dos condes de Tyrone e dos senhores gaélicos do Ulster, que foram deslocados à medida que os colonos se deslocavam para a parte norte da Irlanda. Os colonos provinham principalmente das terras baixas da Escócia e estes protestantes de língua inglesa eram designados por "Planters" na "Plantação" do Ulster.

Ao mudar-se para Londres, Hans Sloane tornou-se um

residente astuto, um cavalheiro, um pilar do estabelecimento e o médico de um grupo de doentes cada vez mais influentes. Com 27 anos de idade, em setembro de 1687, foi para a Jamaica, nas Índias Ocidentais, como médico do governador, o Duque de Albemarle, onde passou 15 meses. A sua estadia na ilha forneceu o material para a sua "História Natural da Jamaica", ricamente ilustrada, que foi publicada em dois volumes entre 1707 e 1725

Após o regresso de Sloane da Jamaica a Londres, tornou-se um importante historiador natural, botânico, médico e, tangencialmente, um observador e comentador sobre a raça. Mas a sua experiência na Jamaica revelou-se lucrativa para Sloane. Tinha uma supervisão médica completa da frota do Duque de Albemarle. Recebia 600 libras por ano, com 300 libras adicionais a serem pagas antecipadamente. Sloane sabia muito bem que os plantadores davam muito dinheiro por "bons criados, negros ou brancos" e sabia muito bem que os plantadores jamaicanos pagariam bem pelos seus serviços médicos e para manter os escravos vivos e bem. Na viagem de regresso, fez uma paragem na ilha portuguesa da Madeira. O vinho da Madeira tinha substituído o açúcar como o produto mais lucrativo produzido na ilha e grandes quantidades eram enviadas para todas as plantações das Índias Ocidentais.

Sebastião José de Carvalho e Mello, o futuro conde de Oeiras e Marquês de Pombal, foi embaixador de Portugal em Londres entre 1739 e 1743. Viveu na Golden Square. Isso era o parte da expansão de squares (ou piazzas) en o oeste de Londres depois da grande incêndio que incluiu St James Square, a sul de Piccadilly, que se tornou, após a deterioração de Covent Garden como residência das classes altas, a residência citadina preferida dos membros da aristocracia e dos embaixadores, tal como a Golden Square a norte de Piccadilly.

A casa de Lord Burlington em Piccadilly ficava perto de Golden Square. A capela católica do Embaixador de Portugal, que se encontrava em frente à sua residência em Golden Square, tinha entrada pela Warwick Street. As duas casas em que Pombal viveu em Golden Square sobreviveram ao Blitz de Londres durante a Segunda Guerra Mundial, e a capela católica, apesar de ter sido atacada e incendiada durante os motins anti-católicos de Gordon em 1789, foi subsequentemente reconstruída e é ainda hoje uma capela católica.

O futuro Marquês de Pombal, durante a sua estadia em Londres, foi eleito para a Royal Society, o principal círculo de pensadores iluministas ingleses que defendiam políticas que refletiam uma maior racionalidade, praticidade e utilitarismo. É também nesta altura que Lord Burlington desenvolve os seus edifícios urbanos em estilo neo-clássico. Os patrocinadores de Pombal para se tornar membro da Royal Society foram Hans Sloane, o conde de Cadogan, Wm. Stukeley e Castro Sarmento. Castro Sarmento era um "cristão-novo" que tinha fugido para Londres e era agora um dos principais membros da comunidade judaica londrina de Bevis Marks, a mais antiga sinagoga de Londres, e era o médico pessoal de Pombal. O reverendo Dr. William Stukeley foi um arqueólogo pioneiro. Lord Cadogan casou com a filha de Hans Sloane e herdou a mansão de Chelsea. Uma vez que era para lá que os ricos de Londres migravam para as novas praças e para as elegantes habitações urbanas, a sua propriedade tornou-o num dos mais ricos proprietários de terras do condado (e a sua família ainda o é).

O facto de Pombal ter sido enviado para Viena como

embaixador de Portugal de 1745 a 1750 foi também uma influência crítica. Aqui, tornou-se amigo íntimo do Duque Silva Tarouca, um emigrante português aristocrático que tinha ascendido ao topo do governo austríaco e era confidente da imperatriz Maria Teresa. Pombal também casou em Viena com Eleonora Ernestina von Daun, a filha do general Count von Daun. O casamento com a austríaca dá-lhe uma boa posição em Lisboa. Foi chamado a Lisboa aquando da morte de D. João V pela rainha viúva Maria Ana de Áustria, onde entrou para o governo português como secretário de Estado dos Negócios Estrangeiros.

"Um tal espetáculo de terror e espanto, bem como de desolação para os espectadores. Como talvez não tenha sido igualado desde a Fundação do Mundo." Assim, um comerciante inglês, escrevendo de Lisboa a um amigo, em 20 de novembro de 1755, descreve "o terrível terremoto" que deixou a capital portuguesa em ruínas.

Muitos não demoraram a atribuir a culpa pela catástrofe. Era a retribuição de pecados passados e presentes. É o que pensa o jesuíta Padre Gabriel Malagrida (1689-1761). Voltaire (1694-1778) não ajudou. Poucas coisas em Portugal lhe agradam. O país constituía o cenário perfeito para as suas digressões sobre a superstição e a irracionalidade. Voltaire regressou muitas vezes a temas portugueses nos seus escritos, e não apenas e sobretudo no *Cândido* (1759).

Lisboa está situada na margem norte do estuário do rio Tejo. Em 1755, o coração cerimonial e comercial da cidade estava centrado no Palácio Real, construído diretamente na zona ribeirinha. No lado oriental do palácio havia uma grande praça aberta (Terreiro do paço). As casas dos comerciantes e retalhistas situavam-se ao longo de uma série de becos e ruas estreitas construídas sobre aterros aluviais entre colinas íngremes. O outro eixo urbano situava-se no interior, a norte, numa grande praça pública chamada Rossio. Lisboa era um grande porto para onde afluíam as especiarias do Extremo Oriente, a pimenta da Índia, a porcelana e a seda da China, o açúcar, os diamantes e o ouro do Brasil.

O Palácio Real, com a sua torre de quatro andares construída por Filipe II quando as coroas de Espanha e Portugal se uniram sob o seu comando, confinava literalmente com o estuário do Tejo e com a Casa da Índia, a Alfândega e o Estaleiro Real.

No espírito dos pensadores iluministas do século XVIII do noroeste da Europa, Portugal era uma nação fechada no obscurantismo. As imagens mais conhecidas de Portugal eram as das queimadas na fogueira, os chamados "Actos de Fé". Cerca de 45.000 pessoas foram investigadas pela Inquisição portuguesa entre 1536 e 1767 e vários milhares delas foram condenadas e queimadas antes do terramoto.

O grande terramoto ocorreu no dia de Todos os Santos, 1 de novembro de 1755. A escala foi provavelmente equivalente a 8,5 a 9 de magnitude na escala de Richter, ou possivelmente 9,1 na escala de magnitude momentânea (Mw). Pouco depois, um tsunami, uma onda gigantesca, muito rara no Oceano Atlântico, atingiu Lisboa. De seguida, um imenso incêndio tomou conta e consumiu grande parte da cidade em ruínas.

O primeiro abalo ocorreu por volta das 9h45. Muitos estavam a assistir à missa quando os edifícios caíram sobre as congregações. "Eu mal podia dar um passo sem pisar os mortos e os moribundos", recorda uma testemunha ocular. A origem do terramoto de 1755 (o hipocentro ou foco refere-se ao ponto onde ocorre o terramoto e o epicentro refere-se ao ponto na superfície da terra ou do mar diretamente acima do hipocentro), situa-se a várias centenas de milhas ao largo da costa sudeste de Portugal, ao longo de uma das falhas que marca a fronteira que separa as placas continentais africana e euroasiática.

Um segmento da falha, com 150-600 quilómetros de comprimento, foi empurrado para cima até 10 metros, libertando uma enorme quantidade de energia, pelo menos três vezes mais poderosa do que a erupção vulcânica de Krakatoa. Foi o terremoto mais forte que atingiu o continente europeu em toda a história.

A destruição foi enorme: cerca de cinquenta e cinco conventos e mosteiros ficaram gravemente danificados. O cais ribeirinho afundou-se e desapareceu, e o Palácio Real foi destruído. Mais de 15.000 pessoas foram mortas. O cônsul britânico escreveu para Londres a 13 de dezembro de 1755: "A parte da cidade em direção à água onde se encontra o Palácio Real, os tribunais públicos, a Alfândega, a Casa da Índia e onde a maior parte dos mercadores negociava para a conveniência dos seus negócios, está tão totalmente destruída pelo terramoto e pelo fogo que não é mais do que um monte de lixo, em muitos lugares com vários andares de altura, incrível para aqueles que não são testemunhas oculares."

O terramoto causou danos generalizados noutros pontos de Portugal e foi sentido em locais tão distantes como Veneza e o Sul de França, chegando também a Marrocos e ao Norte de África.

Mas foi Lisboa que sofreu o maior impacto da catástrofe. O maremoto e o incêndio destruíram grande parte da zona central da cidade, entre o Rossio e a Praça do Palácio. O solo de aluvião ter-se-á liquidificado. As colinas de ambos os lados da Baixa, tanto a leste como a oeste, foram menos afetadas e os edifícios ao longo do estuário em direção ao Atlântico - onde a família real residia no seu palácio de verão em Belém - sobrevivem com menos danos.

Mas a recém construída igreja patriarcal foi destruída, assim como a nova Casa da Ópera, inaugurada poucos meses antes, a 30 de março, dia do aniversário da Rainha. A primeira ópera foi "Alessandro nell'Indie" de David Perez e os magníficos cenários foram projetados por Giovanni Carlo Sicinio Bibiena. Os danos sofridos pela Ópera e pela Igreja Patriarcal, bem como por outros edifícios principais da cidade, foram documentados numa série de gravuras de Jacques-Philippe Le Bas em 1757.

A dimensão do terramoto chocou a Europa. Na Grã-Bretanha, Jorge II solicitou à Câmara dos Comuns que providências "um socorro rápido e eficaz". Os Comuns responderam permitindo que o tesouro se apropriar de 100.000 libras esterlinas em espécie, provisões e ferramentas.

Em 18 de novembro de 1755, ocorreu também um terremoto em Massachusetts, a leste de Cape Ann. Em Boston, a maior parte dos danos ocorreu nos locais onde tinham sido construídos edifícios sobre aterros perto dos cais. John Adams, que se encontrava em Braintree, escreveu no seu diário que "a casa parece abanar, balançar e estalar como se fosse cair em ruínas".

O professor John Winthrop, na sua conferência sobre terramotos, lida na capela do Harvard College em 26 de novembro de 1755, referiu com aprovação o trabalho do "muito engenhoso Sr. Franklin de Filadélfia".

A reação mais notória veio de Voltaire. No seu "Poema sobre a catástrofe de Lisboa ou um exame do axioma de que tudo está bem", Voltaire tem uma visão muito pessimista do que aconteceu:

"Oh, miseráveis mortais! Oh, terra desgraçada!

Oh, terrível assembleia de toda a humanidade
Sermão eterno de sofrimentos inúteis!
Filósofos iludidos que gritam: 'Tudo está bem'".

Rousseau, chocado com o que Voltaire havia escrito, afirmava a causa natural de tais catástrofes e protestou com ele numa carta: "Teria preferido que este terremoto tivesse ocorrido num deserto e não em Lisboa [...] quer dizer realmente que a ordem do mundo natural deve ser alterada para se conformar com os nossos caprichos, que a natureza deve estar sujeita às nossas leis e que, para evitar que ela provoque um terramoto num determinado lugar, basta construir aí uma cidade?"

Em Lisboa, a reação foi mais prosaica e prática. O rei de Portugal, D. José I de Bragança e a sua mulher Maria Anna Victoria de Bourbon, infanta espanhola, nunca se interessaram muito pelo governo, preferindo a caça e a ópera. O Rei ficou total e completamente paralisado e aterrorizado com o terramoto, apesar de estar em Belém, bem a oeste do centro da cidade, quando os abalos e o maremoto ocorreram, Dom José ficou tão assustado que para o resto da sua vida se recusou a dormir em qualquer edifício construído em pedra. A família real mudou-se para os jardins do Palácio de Belém e, mais tarde, para a barraca real, na colina acima de Ajuda. As primeiras ações de Sebastião José de Carvalho e Mello, o futuro Marquês de Pombal, foram enterrar de Ajuda os mortos e impor a ordem.

A escala da destruição era tal que a remoção dos corpos se tornou essencial para evitar a propagação de doenças e da peste. Pombal persuadiu o Patriarca de Lisboa a autorizar que os corpos fossem recolhidos, colocados em barcos e enviados para o Atlântico, para serem lançados no Oceano sem ritos fúnebres.

Trouxe tropas do interior para conter a desordem. Deu

também aos magistrados o poder de atuar de imediato, em casos de assassinatos e pilhagens, e estes agiram com celeridade. De acordo com o relato de uma testemunha ocular, em pouco tempo havia cerca de oitenta gibões espalhados pela cidade, onde os apanhados a saquear e a cometer outros crimes eram sumariamente enforcados.

A reação imediata e draconiana de Pombal foi sintetizada na famosa frase que lhe é atribuída: "enterrar os mortos e alimentar os vivos".

Com a sua caligrafia singularmente ardilosa, deu o seu próprio relato das três prioridades imediatas: A primeira era eliminar os mortos para evitar doenças; a segunda era alimentar os sobreviventes e, para isso e para dissuadir os especuladores, impôs limites máximos ao preço do pão; e a terceira era impor a ordem pública. A reação de Pombal foi rápida e eficaz, tendo sido posteriormente resumida numa compilação com os textos dos decretos. Estas "Providências" incluem a recolha e eliminação imediata de cadáveres, a prevenção da escassez de alimentos, a atenção aos doentes e feridos, o controlo temporário dos preços dos alimentos essenciais e o planeamento da reconstrução da cidade.

Afirma-se por vezes que Pombal não foi responsável por estas medidas, tendo reivindicado o seu crédito posteriormente.

Mas na coleção Palha, na Houghton Library, em Harvard, existe um rascunho manuscrito de um decreto escrito em Belém a 3 de novembro de 1755, três dias após o terramoto, bem como um decreto da sua mão. Este decreto está impresso no volume Providências também na Biblioteca Haughton. Doei uma cópia das providências à minha coleção de livros em Portugal e Brasil na Biblioteca do St. John's College, Universidade de Cambridge.

O facto de a destruição de Lisboa ter oferecido uma grande oportunidade aos urbanistas não passou despercebido a um jovem e ambicioso arquiteto escocês, Robert Adam (1728-1791). Na altura, em Roma (1754-58). Robert Adam viu o terramoto como "um julgamento celestial a meu favor". Aspirava a ser o arquiteto real de Lisboa e produziu esboços do que pensava ser a nova Lisboa construída com base na Praça de São Pedro de Bernini, em Roma.

Mas a extravagância teatral barroca de Robert Adams não era o que Pombal tinha em mente. Ele estava a pensar na nova Lisboa como uma cidade comercial mais modesta, prática, pragmática, saudável e neopalladiana. Pombal não recorreu a arquitectos italianos, austríacos ou franceses, como os portugueses tinham feito tantas vezes para os seus grandes edifícios públicos durante a primeira metade do século XVIII. Muito menos organizou um concurso internacional, como o jovem e ambicioso Robert Adma esperava.

Em vez disso, Pombal recorreu de imediato aos próprios engenheiros militares portugueses. Três deles, em particular, viriam a desempenhar papéis fundamentais: Manuel da Maia (1677-1768), que em 1755 tinha quase 80 anos de idade, era o engenheiro militar chefe do país e tinha sido o tutor de matemática e física do herdeiro aparente, D. José, agora o Rei; Eugénio dos Santos (1711-1760), que tinha quarenta e poucos anos e era coronel do corpo de engenheiros; e Carlos (Karoly) Mardel (c.1695-1763), um imigrante húngaro com cerca de cinquenta anos, que servia no corpo de engenheiros militares portugueses desde 1733, quando veio para Portugal para trabalhar no aqueduto de Lisboa, que tinha sobrevivido ao terremoto, sob a supervisão de Manuel da Maia

Os três homens eram profissionais experientes, habituados a dirigir a construção de grandes edifícios e fortificações civis e militares e a gerir recursos e mão de obra. Pombal confiou a Manuel da Maia a tarefa de redigir aquilo a que chamou uma "dissertação", detalhando as questões fundamentais a abordar e a forma como estas, uma vez definidas, poderiam ser tratadas da forma mais eficiente.

Entretanto, Pombal introduziu legislação para proibir qualquer construção, ação ou venda de propriedade antes de o plano diretor ter sido concebido. Maia rapidamente entregou a sua observação a Pombal, a 4 de dezembro de 1755.

A dissertação de Manuel de Maia examinou uma série de propostas relativas a possíveis opções para a reconstrução da cidade após a catástrofe. Entre elas, a de saber se os escombros deveriam ser aproveitados para a construção das zonas baixas, qual a dimensão dos edifícios em relação às ruas em frente e as disposições a tomar para acomodar o escoamento nas zonas baixas, de modo a que a construção em aterro não corresse o risco de inundação em períodos de maré cheia.

Maia recomendou que qualquer reconstrução fosse proibida até que um plano fosse formulado e aprovado.- Considerou a opção de deslocar a cidade por completo, por exemplo, se Lisboa deveria ser deslocada para oeste, para a zona de Belém, onde o subsolo era mais forte e os edifícios tinham resistido ao terramoto. Defendeu que as ruas principais deveriam ter um traçado quadriculado e ser designadas para fins comerciais, refletindo a importância do ouro e da prata no comércio de Lisboa, e que estas ruas deveriam ser construídas sem arcos cobertos para melhorar a segurança. Cita dois modelos de cidades reconstruídas que considera importantes: Turim e Londres.

Em cada um destes casos, o autor faz uma retrospectiva

das histórias de reconstrução. Em Turim, a nova cidade foi construída como uma extensão ou um complemento da antiga. Em Londres, analisou o plano de Christopher Wren para a reconstrução da cidade após o grande incêndio.

A chave no caso de Lisboa, observou Maia, foi o facto de o Rei não ter insistido para que o palácio real fosse reconstruído no seu local anterior. Isto porque o Rei estava aterrorizado com a ideia de passar uma noite num palácio numa zona de terremotos. Mas esta aversão real libertava os urbanistas de um enorme obstáculo. Se o Rei estava disposto a ceder um terreno privilegiado, então seria difícil para qualquer outra pessoa recusar-se a fazê-lo.

O plano da Maia foi rapidamente aprovado, localizando a reconstrução da cidade no seu local anterior e evitando o que tinha acontecido em Londres, onde, apesar dos ambiciosos planos de Wren, os direitos de propriedade e as antigas linhas de rua não foram ultrapassados. Com os princípios gerais elaborados, foram elaborados seis projectos pormenorizados, uns menos radicais do que outros.

No final, foi aprovado e adotado o projeto de quadrícula mais radical, o quinto plano elaborado por Eugênio dos Santos e Carlos Mardel. Este plano implicava uma reinvenção total do núcleo da cidade, com uma anulação completa dos anteriores padrões de ruas e direitos de propriedade.

O plano substituiu a antiga praça real por uma nova praça de comércio. A Praça do Comércio, esta praça à beira-mar, deveria ter edifícios idênticos em três lados, com arcadas no rés do chão e pilastras duplas. O lado norte era interrompido por um arco triunfal. Dois pavilhões de três andares em pedra lioz (um pseudo mármore calcário há muito utilizado em Portugal), um dos quais para a bolsa dos mercadores, ancorados nas arcadas leste e oeste do lado do rio. As fachadas com arcadas aproveitavam também o contraste entre a pedra lioz branca utilizada nas caixilharias de pedra padronizada e as paredes rebocadas de cor. O historiador de arte Robert Smith, cuja cátedra em Harvard é hoje o nosso patrocinador, escreveu que esta utilização da pedra lioz dava a "Lisboa um aspeto brilhante, não muito diferente de Veneza".

Quatro ruas principais, com cruzamentos em ângulos rectos, corriam para o interior a partir da Praça do Comércio em direção a duas praças paralelas recentemente reconstruídas com edifícios idênticos: O Rossio e a Praça da Figueira. Em frente às ruas, foram construídos pretos idênticos de quatro andares, com lojas ao nível do rés do chão. As paredes de cor ocre eram emolduradas em cada extremidade por pilastras largas e angulosas.Os edifícios eram rematados por telhados de duas águas: Foi criada uma unidade de arquitetura contínua no coração da cidade - uma área de 1.800 por 1.250 pés que, segundo Robert Smith, constitui um dos "maiores empreendimentos arquitetônicos uniformes da era do iluminismo".

Em maio de 1758, foi aprovada legislação que previa a avaliação e a redistribuição dos direitos de propriedade.As medidas geométricas foram substituídas por localizações reais, para que os proprietários pudessem ser compensados pelos terrenos, casas e antigos espaços de rua atribuídos ao abrigo do novo plano urbano. Foram concedidos empréstimos às pessoas que deles necessitavam, e aqueles que adquiriram novas propriedades tiveram cinco anos para concluir a construção dos novos edifícios. Tudo isto foi conseguido com uma rapidez notável.

Os novos edifícios deviam seguir dimensões uniformes e padronizadas. Mais importante ainda, devem ser tornados anti-sísmicos por meio de uma gaiola de madeira flexível anti-sísmica pioneira ou gaiola formada por treliças diagonais que reforçam uma estrutura horizontal e vertical. Por sua vez, os edifícios reforçados eram assentes em estacas de pinho verde encimadas por aduelas de pinho cruzadas e almofadas de morango. Todos os edifícios da Baixa deviam ser construídos desta forma. Cada edifício foi dotado de uma cisterna no pátio traseiro entre os edifícios. A partir daí, as águas pluviais eram encaminhadas para uma cisterna central sob a rua. O desenho de Eugénio dos Santos foi apresentado a Pombal por Maia a 19 de abril de 1756.

Os projetistas da nova Lisboa pretendiam criar um ambiente urbano mais higiênico e saudável. Pombal recorreu à ajuda de um "cristão-novo" português então residente em Paris, António Nunes Ribeiro Sanches (1699-1783), aluno do grande químico, botânico e clínico holandês H. Boerhaave, Ribeiro Sanches tinha sido o médico pessoal de Pombal enquanto este era embaixador em Viena. Ribeiro Sanches foi contratado por Pombal como consultor remunerado e Pombal publicou a sua tese sobre o saneamento e a necessidade de luz e ar para tornar os habitantes das zonas urbanas menos vulneráveis a doenças e enfermidades.

Para além da propriedade secular, havia também que resolver a questão do tratamento das propriedades eclesiásticas, das igrejas e das paróquias. Quer se mantivessem as igrejas no mesmo palácio ou se as mudassem, foi decidido que deveriam ser reconstruídas em novos locais, adequados ao plano diretor. Foi permitida uma maior decoração do que nos edifícios seculares, mas nenhuma das novas igrejas pombalinas tinha torres.

A nova Praça do Comércio manteve a presença real na

forma de uma estátua de bronze encomendada para ficar no seu centro. Com Dom José a cavalo, a estátua inaugurada em 1775 foi desenhada pelo escultor da corte, Joaquim Machado de Castro (1731-1822) e foi baseada no monumento de Luís XIV (1660) publicado por Jacques François Blondel em Architecture Française (1752-1756), a presença real era simbólica. A essência da nova praça era ser um local de governo, de comércio, da alfândega e da bolsa de valores.

Pombal não só deu atenção às praças centrais e ruas principais, como também projectou e construiu casas mais modestas, criando as primeiras zonas de desenvolvimento industrial numa cidade europeia. No local onde terminava o grande aqueduto, Pombal colocou o seu subúrbio industrial com fábricas de seda, cerâmicas e fábricas de têxteis de algodão.

Em 1756, foi criada uma escola de arquitetura e desenho (Casa do Risco das Obras Públicas Reais) para produzir as plantas dos novos edifícios que se ergueram nas principais praças e ruas. A escola funcionou até 1760, sob a direção de Eugénio dos Santos, quando foi sucedido por Carlos Mardel. As plantas elaboradas sob a direção de dos Santos e Mardel - todos os projectos elaborados - até ao mais ínfimo pormenor tinham a assinatura de Pombal. Todos os edifícios foram dotados de paredes corta-fogo subdividindo os telhados. As janelas e portas eram padronizadas e ninguém podia construir de outra forma que não fosse de acordo com os planos aprovados. Para evitar a monotonia, foram permitidas variações sutis nas formas das portas e nas varandas de ferro e a Maia recomendou que as pessoas tivessem a liberdade de pintar as janelas e as portas de cores diferentes em zonas diferentes.

Este processo de reconstrução levou à criação de uma extensa infraestrutura para a pré-fabricação de revestimentos de pedra padronizados, ferragens uniformes, madeira cortada uniforme para as gaiolas, bem como a produção de argamassa e cimento de secagem rápida, vidro para as janelas e azulejos. Como consequência, a reconstrução de Lisboa estava diretamente ligada ao objetivo do governo de estimular uma classe industrial artesanal em Portugal e, assim, ajudar o desenvolvimento económico geral do país.

No entanto, um modelo para a nova Lisboa foi esquecido. Dois comerciantes ingleses em Lisboa foram colaboradores fundamentais de Pombal na reconstrução. Ambos vieram de Devon William Stephens (1731-1803) e John Parminter (1712-1784). Stephens era o filho ilegítimo de um vigário local, Oliver Stephens (40 anos), e de uma criada, Jane Smith (19 anos), no Castelo de Pentillie, na Cornualha, onde Stephens ensinava as crianças na escola dos Church Wardens. William foi enviado para Exeter, onde a sua mãe casou mais tarde com o seu pai, e William foi bem educado na Exeter grammar school. Stephens tinha o monopólio de Pombal para fornecer vidro às novas viúvas. John Parmentier, um comerciante em Lisboa, também de Devon, tinha sido arruinado pelo terramoto, mas conseguiu comercializar um tipo de cimento de secagem rápida que foi utilizado para o revestimento dos novos edifícios à prova de terramotos e recebeu um monopólio de Pombal. O Parlamento de Londres aprovou uma lei (1758,1773) que permitia a exportação de colmo para Portugal com isenção de direitos. Os fornos de Stephens e Parminter situavam-se em Alcântara.

Mas a influência britânica foi mais alargada do que isso. O falecido John Harris, o antigo conservador de desenho da Society for British Architects, ao analisar a Praça do Comércio em meados da década de 1960, achou-a muito semelhante aos desenhos de Inigo Jones para Covent Garden publicados no *Vitruvius Britannicus* (1715-1777) de Colen Campbell. De facto, um exame do projeto original de Eugénio dos Santos para o lado norte da Praça do Comércio revela uma semelhança notável com os lados norte e oeste de Covent Garden, idênticos, com exceção dos dois pavilhões virados para o rio, no caso de Lisboa. É curiosamente uma ironia histórica que os planos de Christopher Wren para uma cidade mercantil de Londres e os planos de Inigo Jones para Covent Garden tenham acabado por servir de modelo ao centro comercial de Pombal para o seu próprio modelo arquitetónico mercantil e prático e despojado para a nova Lisboa.

O projeto do Brasil imperial foi também muito influente neste período: Pombal reorganizou toda a organização administrativa, financeira e militar do Brasil, expandindo e protegendo as fronteiras no extremo oeste e na bacia amazónica, e expulsando os jesuítas no processo. Entretanto, em Lisboa, prosseguiu a reconstrução utilitária neopalladiana da cidade com os seus engenheiros militares portugueses. O engenheiro militar inglês, coronel William Elsden, que tinha sido encarregado de procurar depósitos de colmo no País de Gales para Parminter. O Coronel William Elsden, projectou os novos edifícios científicos para a reforma da Universidade de Coimbra.William Stephens acabou por vender as suas fábricas ao Estado português no início do século XIX e reformou-se como um homem muito rico. Entre os seus descendentes conta-se Stephens Lyne Stephens, o chamado "plebeu mais rico do reino". É retratado em 1858 com um maço de notas de banco no punho cerrado. Mas sucumbiu a uma bela bailarina da Ópera de Paris, Yolande Duvernay, com quem casou. Ela gastou rapidamente a maior parte da sua fortuna. A filha e a sobrinha de Parminter construíram uma casa redonda única nos arredores de Exmouth, em Devon, que deveria ser herdada apenas por familiares solteiras do sexo feminino. Atualmente, é uma propriedade do National Trust.

Mas foi o destino macabro do jesuíta Padre Malagrida e dos aristocratas portugueses que tentaram assassinar o rei D. José e a reação de Voltaire, mais do que a tese de Ribeiro Sanches sobre saúde pública para a nova cidade de Lisboa, que consolidaram a imagem de Pombal na mente dos pensadores e escritores iluministas europeus. A incumbência do Abade Francisco Correa da Serra, brilhante naturalista e cofundador da Academia das Ciências de Lisboa, de escrever um artigo sobre a reconstrução de Lisboa, não ajudou. O seu artigo foi escrito mas não foi publicado na Enciclopédia porque chegou demasiado tarde para ser incluído.

Assim, a imagem de Pombal e de Portugal continua a ser a de Voltaire. Mas também é verdade que a Lisboa pombalina também não foi muito apreciada por muitos portugueses, apesar dos grandes trabalhos dos historiadores de arte Robert Smith e do historiador de arte português José Augusto França, que interpretaram a Lisboa reconstruída como a maior expressão do urbanismo iluminista.

Mas quando eu vivia em Lisboa, no início de 1964, muitos Lisboetas ainda se referiam à Praça do Comércio como o Terreiro do Paço, apesar de o paço ter sido destruído pelo grande terremoto de 1755. A Praça do Comércio foi então utilizada em 1964 como um gigantesco parque de estacionamento. O túmulo de Pombal não era visitado, a sua casa de Lisboa na Rua do Século estava abandonada e o palácio do seu irmão na Rua das Janelas Verdes tinha sido reaproveitado como Museu da Arte Antiga, e o único sinal de que alguma vez tinha sido uma residência pombalina era o brasão da família, localizado na cantaria no alto da escadaria que subia do jardim das traseiras.

No início da sua carreira, Pombal queixou-se amargamente da sua falta de recursos financeiros. No entanto, deixou o cargo como um dos homens mais ricos de Portugal, e grande parte dessa riqueza baseava-se na posse de valiosos bens imobiliários em Lisboa.

PARIS: A RECONSTRUÇÃO DE PARIS POR NAPOLEÃO III E PELO BARÃO DE HAUSSMANN.

Napoleão III foi o segundo filho do irmão de Napoleão Bonaparte, Luís, rei da Holanda, e da sua mulher, Hortense de Beauharnais. O seu primeiro filho, Napoleão Luís, tinha morrido em 1831, o que fez de Carlos Luís Napoleão o herdeiro aparente. Em 1853, casou-se com Eugénia de Montijo, uma aristocrata espanhola. O casal teve um filho, Napoleão Eugénio Luís, em 1856. Carlos Luís Napoleão foi um jovem romântico e, por vezes, imprudente e aventureiro, propenso a conspirações, golpes infrutíferos e longos períodos de exílio em Inglaterra e nos Estados Unidos, bem como longos períodos na prisão após duas invasões em França que falharam espetacularmente.

No entanto, foi eleito presidente da segunda república francesa a 10 de dezembro de 1848. Três anos mais tarde, a 2 de dezembro de 1851, deu um golpe de Estado sangrento que foi aprovado por uma esmagadora maioria num plebiscito organizado pelo seu meio-irmão, o conde de Morny. Um ano mais tarde, o segundo império foi proclamado e ele assumiu o título de Napoleão III. O seu reinado durou 18 anos, até ter conduzido a França a uma guerra catastrófica com a Prússia de Bismarck, altura em que foi capturado pelos prussianos. Foi deposto e o seu regime foi substituído pela Terceira República.

Napoleão III foi um governante autoritário que impôs restrições à liberdade de imprensa, de reunião, de expressão e de publicação. Os beneficiários do seu regime foram os novos homens do comércio, da banca, os construtores de caminhos-de-ferro. Foi uma época de riqueza súbita e espalhafatosa e de muita corrupção, de expansão do sistema ferroviário por toda a França e de aventuras imperiais ultramarinas na Argélia, na Indochina, no Egito com o Canal do Suez e a imposição pelas armas francesas do arquiduque Maximiliano da Áustria como imperador do México.

Mas Napoleão III tinha a visão de uma nova Paris: Uma cidade onde a habitação e o saneamento seriam melhores. George-Eugène Haussmann seria o homem que levaria isso a cabo. Durante 17 anos, como Prefeito do Sena do Imperador Napoleão III, Haussmann destruiu a velha Paris, tanto acima como abaixo do solo, introduziu sistemas modernizados de água e esgotos, bem como avenidas largas e amplas ladeadas por edifícios uniformes padronizados, conhecidos como "edifícios Haussmann".

Haussmann reformulou completamente as fundações da cidade de acordo com os valores da modernidade do século XIX. 75% do tecido urbano foi envolvido, e a rapidez das obras, que demoraram menos de 20 anos, criou uma nova cidade, totalmente planejada e concebida, onde a criação simultânea de infra-estruturas e superestruturas urbanas produziu uma rede notavelmente eficaz. Como observam Franck Boutte e Umberto Napolitano: "Este sistema aberto e evolutivo liga a cidade por baixo e por cima, sendo a sua principal razão de ser a melhoria do tráfego de vários tipos diferentes: peões, veículos, ... e tropas militares".

Mas os jovens artistas e escritores, como Édouard Manet, Claude Monet, Émile Zola e Gustave Flaubert, e Claude Baudelaire, resistiram às restrições do império. Do seu exílio fora de França, Vitor Hugo (1802-1815) chamou-lhe "Napoléon le Petit". O Manifesto Comunista de Karl Marx e o seu "O Dezoito Brumário de Luís Bonaparte" ajudaram a enquadrar o reinado de Napoleão III. O Manifesto Comunista e "O Dezoito Brumário de Luís Bonaparte" de Marx foram ambos escritos em resposta à primavera revolucionária de 1848. O Manifesto Comunista de Marx ressoou com a sua força retórica: "Um espectro está a assombrar a Europa: o espectro do comunismo. A história de todas as sociedades até agora existentes é a história da luta de classes. Os proletários não têm nada a perder, exceto as suas correntes... HOMENS TRABALHADORES DE TODOS OS PAÍSES UNIDOS!"

Escrito à pressa por Marx, com base em rascunhos anteriores de Engels, nas primeiras semanas de 1848, o Manifesto apareceu poucos dias depois de uma revolução geral europeia que se estendia do Báltico aos Balcãs. Vítor Hugo também tinha pouco a dizer de bom sobre Luís Napoleão. A sua "Corcunda de Notre Dame"(1831) e "Les Misérables" (1862), revelava uma Paris antes da demolição da velha cidade medieval e da sua reconstrução, reorganização e modernização, como a "cidade da luz" pelo imperador Napoleão III e o seu prefeito do Sena, George Haussmann.

Os Haussmann eram protestantes, luteranos, que tinham fugido de Colónia, estabelecendo-se nos arredores de Colmar, na Alsácia francesa, no final do século XVIII, onde criaram uma grande fábrica de algodão. Um irmão, o avô do Prefeito Haussmann, naturalizou-se francês e tornou-se deputado na Assembleia Nacional. Após a Revolução de 1789, serviu como contratante de guerra para o exército da primeira república na Renânia e reformou-se com uma fortuna substancial, adquirindo uma propriedade em Chaville, entre St. Cloud e Versailles, onde o seu neto, o futuro prefeito de Paris, viveu os seus primeiros sete anos. Duas vezes forasteiros - como alemães e luteranos - todos os Haussmann passaram conscientemente a vida a provar a sua lealdade à França e ao governo da época.

Em 1853, Haussmann recebeu em Bordéus um correio governamental do ministro do Interior, Victor de Persigny (1808-1872), que o informava de que Luís Napoleão o tinha nomeado pessoalmente para a prefeitura superior do Sena. Pesigny diz a Luís Napoleão que Haussmann é "... um dos homens mais extraordinários do nosso tempo; grande, forte, vigoroso, enérgico e, ao mesmo tempo, inteligente e tortuoso . Contou-me todos os seus feitos durante a sua carreira administrativa, sem deixar nada de fora: poderia ter falado durante seis horas sem interrupção, uma vez que se tratava do seu assunto favorito, ele próprio".

No primeiro encontro com o imperador, Haussmann foi levado para o gabinete de Napoleão III, onde Luís Bonaparte informou o novo prefeito que lhe daria total liberdade de ação e que não haveria intermediários ministeriais. Haussmann recorda: "O Imperador estava ansioso por me mostrar um mapa de Paris no qual tinha traçado linhas azuis, vermelhas, amarelas e verdes, cada cor indicando a prioridade do trabalho previsto".

Hausmann compreendeu a tarefa que tinha pela frente: Esperava-se que reconstruísse todo o coração central da capital francesa com a demolição e limpeza de centenas de hectares de edifícios medievais e ruas estreitas. Substituí-los por estruturas modernas e avenidas largas, introduzindo ao mesmo tempo um sistema de esgotos e de água doce completamente novo.

A relação de confiança e responsabilidade entre os dois homens desenvolveu-se ao longo dos dezasseis anos e meio seguintes. Nenhuma outra pessoa no governo ocuparia tal cargo durante o segundo império. O produto final desta colaboração foi uma Paris inteiramente nova. Napoleão III tinha delineado os seus planos para transformar completamente a capital francesa. Planos pelos quais Haussmann seria o único responsável.

A chave para a nova Paris seriam novas avenidas e bulevares retos e largos, que teriam de atravessar as passagens e os cortiços medievais. Milhares de propriedades teriam de ser condenadas e arrasadas. O processo, que incluía o confisco de propriedades privadas com base no direito de domínio eminente, seria confirmado por uma legislatura recém-criada com o seu novo presidente, Auguste de Morny. Charles Auguste Louis Joseph, conde de Morny (1811-1865)

O conde de Morny era o filho ilegítimo de um dos ajudantes de campo favoritos de Napoleão Bonaparte, o general Charles Joseph, conde de Flahaut, cuja mãe era Hortense de Beauharnais. Por conseguinte, era meio-irmão de Napoleão III. O pai do conde de Morny era o filho ilegítimo do príncipe Charles-Maurice de Talleyrand (1754-1838), o grande sobrevivente dos regimes franceses da Revolução Francesa, de Napoleão, do rei Bourbon Luís XVIII e do rei Luís Filipe, e a sua mãe era a condessa Adelaide de Flahaut. Morny, tal como Talleyrand, quando se tratava de propostas financeiras altamente lucrativas, como escreve Alan Strauss-Sconn: "Todos os escrúpulos e lealdades bancárias profissionais eram abandonados com total desdém".

Maxime Du Camp observou: Auguste de Morny "viajava pela vida sem esforço, um filho mimado da fortuna". Morny é o grande "facilitador", em troca de enormes "compensações", muitas vezes graças à colaboração do seu meio-irmão, embora a sua duplicidade de negócios tenha levado a uma ruptura com os irmãos Pereire, Emile e Isaac. Mas os financeiros, os industriais e a Bolsa têm de lidar com Morny, enquanto este é presidente do Corpo Legislativo e controla os decretos imperiais e a legislação que afecta a Bolsa e as finanças.

Os cortiços de Paris eram uma fonte de doenças debilitantes. A cólera foi responsável por 30.000 mortes entre as décadas de 1830 e 1860. Grandes porções da cidade antiga foram limpas e substituídas por novas estruturas, com acesso a ar fresco, água corrente e esgotos subterrâneos. O financiamento destes vastos projectos foi assegurado pelo parlamento, pela prefeitura e pelo município de Paris. As empresas de construção eram obrigadas a concluir os seus trabalhos num prazo determinado, sob pena de perderem as cauções que tinham de depositar na cidade.

Para dar início à nova rede de avenidas, foram necessárias modernas portas de entrada na cidade: As novas estações ferroviárias deviam ligar umas às outras, ao centro da cidade e aos edifícios governamentais e ao centro administrativo do império - as Tulherias, o Palácio do Eliseu e o castelo de Saint-Cloud. Haussmann escreveu: "É dever do Chefe de Estado ter as rédeas da administração da capital na ponta dos dedos". Como parte deste plano, o Ministério do Interior - responsável pelas prefeituras dos condados e pela polícia - seria imediatamente transferido para o edifício diretamente oposto à entrada do Palácio do Eliseu, onde o Imperador Luís Napoleão passava cada vez mais tempo.

A primeira tarefa do Prefeito Haussmann foi dividir a cidade em quatro sectores, completando as obras da rua de Rivoli de leste a oeste, da praça da Concórdia à praça da Bastilha. A necessidade de remover a colina e de graduar o terreno para o prolongamento do Boulevard levou ao desenvolvimento da técnica de triangulação, que foi então utilizada e se tornou uma arma inestimável nas obras públicas para mapear toda a cidade. Do outro lado da Concorde, os Campos Elísios continuariam para oeste, em direção ao Ponto Redondo - o Arco do Triunfo - uma nova avenida, mais tarde designada por Boulevard de Sebastopol, conduziria em linha reta até à Porte de St-Denis, de onde continuaria como Boulevard de Strasbourg até à Gare de l'Est.

O novo Boulevard St-Michel estender-se-ia desde a Pont de St-Michel até ao bairro latino. Foram criados vários grandes cruzamentos a partir dos quais surgiram grandes avenidas e bulevares. A maior e mais impressionante foi, de longe, a L'Étoile, projetada pessoalmente por Haussmann, com doze ruas que se estendem como os raios de uma roda. Os Champs Élysées terminavam aqui. Haussmann comentou que: "Este belo conjunto é certamente considerado uma das melhores realizações de toda a minha administração."

Cada avenida foi construída por uma empresa separada. Uma lei aprovada em 1852 permitiu a aplicação em larga escala do direito de domínio eminente. Uma declaração de utilidade pública. A apreensão de uma propriedade privada com um objetivo público. A expropriação de casas, lojas, prédios de apartamentos para serem demolidos e depois limpos. Cada empresa de construção era obrigada a depositar uma caução ou garantia substancial junto da cidade para assegurar o seu cumprimento integral. Em

1858, o prefeito Haussmann criou o Tesouro das Obras Públicas de Paris, que lhe permitia acelerar o processo através da emissão de títulos, ou seja, IOU 's (sigla em inglês para "I owe you"), sacados deste fundo.

Haussmann confiou no investimento privado e fez das propriedades de investimento o edifício parisiense genérico. Na sua variante mais comum, o edifício Haussmann tem entre cinco e sete pisos, consoante a rua para onde está virado. O rés do chão tem uma loja virada para a rua e uma cabina de porteiro se estiver situado numa rua residencial. O segundo andar tem os tectos mais altos e uma varanda. O terceiro e o quarto andares têm um teto idêntico, ligeiramente mais baixo. O quinto andar tem uma varanda. O sexto andar, frequentemente o último andar, tem o teto mais baixo e alberga os aposentos dos empregados sob o beiral.

Haussmann assistia normalmente à venda dos lotes e assinava as escrituras. Os contratos especificavam "alterações, cláusulas e condições... As casas de cada quarteirão devem ter a mesma altura de piso e as mesmas linhas de fachada principal, as fachadas devem ser em pedra cortada com varandas, cornijas e molduras, a altura do edifício virado para o pátio não pode exceder a da fachada virada para a rua". O sistema de construção era simples e claro e a pedra utilizada era proveniente do subsolo parisiense. A estrutura do edifício é constituída por paredes estruturais que suportam os pavimentos e o núcleo do sistema de contravento. A pedra utilizada foi o calcário claro de cor loura da região parisiense e as coberturas foram revestidas com um ângulo de 45% em zinco cinzento.

Com a conclusão das avenidas, houve uma maior necessidade de transportes públicos. Haussmann licenciou táxis, fiacre puxado por cavalos e concessionárias de ônibus.

Foram emitidos contratos para a instalação de condutas de gás subterrâneas e, em 1870, 33 000 novas saídas de gás para iluminação pública, edifícios públicos e casas particulares. A Londres que Luís Napoleão tanto admirou e tentou imitar estava agora a ser ofuscada por uma Paris moderna, nova e espaçosa. Desde o século XVIII que Paris é conhecida como a cidade da luz. Este facto referia-se ao seu papel de liderança no Iluminismo. Mas com milhares de lâmpadas a gás, Paris tornou-se de facto, e também em teoria, uma "Cidade Luz".

Para fornecer água potável, Haussmann empreendeu grandes obras de engenharia para trazer água através de novos aquedutos e poços artesianos. Foram construídos novos e extensos canais subterrâneos de esgotos e, sob as suas instruções, muitas escolas foram modernizadas e ampliadas, incluindo a Sorbonne, a faculdade de Medicina. Napoleão III também nomeou Prosper Mérimée como o primeiro inspetor-geral dos monumentos históricos. Haussmann mandou renovar o Hôtel de Ville. Aqui, Haussmann e a sua esposa organizaram espectaculares bailes de máscaras e recepções diplomáticas, incluindo para a Rainha Vitória e o Príncipe Alberto durante a sua visita à primeira Exposição Universal em 1855.

Em 1861, o prefeito do Sena abre caminho para a nova Ópera de Charles Garnier. Todas as grandes estações ferroviárias foram construídas e o primeiro telégrafo foi instalado em todo o país. O mercado de Les Halles, concebido por Victor Ballard, arquiteto da cidade, foi construído em ferro fundido e vidro produzido à escala industrial. Uma inovação técnica também utilizada na construção da igreja de Santo Agostinho, construída entre 1860 e 1871, também projectada por Victor Baltard, colega protestante de Haussmann, que combinava uma estrutura de ferro fundido com uma construção em pedra e suportava a maior cúpula de Paris. A igreja de Santo Agostinho destinava-se a ser o local de repouso final de Napoleão III e foi concebida para ser um ponto de referência bem visível no encontro de duas avenidas.

No Segundo Império, no entanto, cada um tinha o seu preço. Mas isso não era novidade. Os subornos assombrosos recebidos pelo Ministro dos Negócios Estrangeiros, o Príncipe de Talleyrand, do primeiro Napoleão, foram notícia em todas as capitais europeias. O conde, mais tarde duque de Morny, continuou essa tradição. Os banqueiros, os irmãos Pereire, judeus de origem portuguesa, de Bordéus, e os Rothschild, disputam o negócio dos empréstimos do império de Napoleão III. Após o Congresso de Paris, em março de 1856, que encerrou a calamitosa Guerra da Crimeia, onde Morny tinha sido um opositor declarado da Guerra da Crimeia, e as últimas manobras financeiras de Morny nos mercados financeiros,

Napoleão III, necessitando de se distanciar do seu meio-irmão, enviou-o numa missão à Rússia. Morny foi surpreendentemente bem sucedido. Em 1856, casou-se com uma bela princesa da família real, Sophie Troubetzkoy, de 17 anos. O czar Alexandre assistiu ao casamento a 19 de janeiro de 1857 e ofereceu à noiva um dote de 500.000 euros. A amante de longa data de Morny em Paris, a condessa Fanny Le Hon, de 53 anos, ficou incandescente de raiva. Furiosa, ameaçou Napoleão III de que revelaria todos os negócios obscuros de que tinha conhecimento. O imperador convocou o prefeito da polícia, que enviou o inspetor Griscelli à mansão de Fanny, nos Campos Elísios, para apreender todos os documentos potencialmente incriminatórios.

Entretanto, a construção de caminhos-de-ferro, as

enormes transações imobiliárias, os fabricantes de ferro e aço forneciam os carris e as locomotivas, a extração de carvão e ferro era estimulada pelos novos caminhos-de-ferro. Investidores estrangeiros, ingleses e alemães, tiram partido da expansão do mercado bolsista e surgem novas instituições financeiras. James de Rothschild ultrapassou os Pereires com novos fundos de investimento. O governo cria os primeiros bancos hipotecários. O Crédit Foncier de France financiou o sector imobiliário e o Crédit Industriel et Commercial foi o primeiro banco a aceitar depósitos de particulares. Napoleão III juntou os ministérios da agricultura, do comércio e das obras públicas num superministério e, na década de 1860, introduziu nova legislação para criar as primeiras sociétés anonymes, que lançaram as grandes instituições bancárias públicas: Banque de Paris, Crédit Agricol, Société Générale, et Crédit Lyonnais.

Os irmãos Pereire criaram um novo e luxuoso bairro em Paris, o Parque Monceau, com novas mansões, incluindo uma para a qual Fanny Le Hon se mudou dos Campos Elíseos. Os irmãos Pereire também construíram o Grand Hotel du Louvre para a abertura da Exposição de 1855 e o Grand Hotel de la Paix, com oitocentos quartos, em frente à Place de l'Opéra. Também desenvolveram Arcachon, uma praia de férias com moradias, praças e avenidas, e um casino, na costa atlântica, em 1857, com uma ligação ferroviária a Bordéus. Com a brisa do mar, as dunas de areia e os pinhais, tornou-se a estância termal preferida dos ricos. Auguste de Morny também criou a cidade de Deauville, no Canal da Mancha, com moradias de luxo, um casino, restaurantes e um hipódromo com o seu nome.

Napoleão III tinha pensado em criar grandes parques e dezenas de "praças" verdes e Haussmann teve de lidar com os complicados problemas de engenharia para tentar duplicar o Hyde Park e o seu lago serpenteado em Paris. Napoleão III passou um dos seus primeiros exílios a viver em Mayfair, em Londres, perto do Hyde Park e do St James Park, e queria que Paris também tivesse espaços verdes abertos ao público. Haussmann contratou Jean Charles Alphand, um engenheiro sénior e antigo chefe do departamento de pontes e estradas em Bordéus, para supervisionar o projeto. A tentativa de duplicar a serpentina do Hyde Park de Londres teve de ser abandonada e, em vez disso, foram construídos dois lagos a diferentes níveis.

Foram construídas estradas adicionais e extensos jardins de flores. Dezenas de milhares de novas árvores foram plantadas nos 2.090 hectares bucólicos do Bois de Boulogne, criados em terrenos transferidos para a cidade de Paris em 1852, e o parque foi completado com a aquisição da Plaine de Longchamps. O Jockey Club alugou o terreno com a condição de criar um hipódromo e sables. Longchamps torna-se uma pista de corridas de primeira categoria, para grande satisfação de Morny. De seguida, Haussmann transfere o Bois de Vincennes para o município. O desejo de Luís Napoleão de uma Paris mais verde é realizado.

Mas as despesas aumentam. Os empréstimos em grande escala, sob a forma de obrigações, são indispensáveis. Nem o Imperador nem Haussmann queriam aumentar os impostos. Em 1858, a legislatura bloqueou o empréstimo, que se prolongou até 1860. Em 1865, um novo empréstimo foi aprovado com relutância. As despesas envolveram o desenvolvimento do Parc Buttes-Chaumont, no nordeste de Paris, numa antiga pedreira que tinha fornecido a pedra utilizada em muitos dos novos edifícios, e o início do Parc Montsouris, com quarenta acres, no extremo sul da cidade, com lagos paisagísticos e elementos aquáticos.

Haussmann também demoliu o Hotel-Dieu, imediatamente a sul de Notre Dame. Metade dos edifícios da Ile de la Cité foram demolidos. As duas pontes que ligam a ilha foram completamente reconstruídas. O espaço em frente à Notre Dame é alargado. Haussmann queria retirar totalmente o Hotel-Dieu, mas o imperador opôs-se e o hospital foi transferido para o outro lado da ilha, mais amplo. No final da década de 1860, a população da Ile de la Cite tinha diminuído de 25.000 para 5.000 e tinha-se tornado um centro administrativo, com o renovado Hotel de Ville como sede da prefeitura.

Haussmann reorganizou e alargou as fronteiras de Paris, incorporando as áreas suburbanas e estabelecendo a nova organização dos arrondissements de Paris. Em 1860, os subúrbios de Paris foram anexados à cidade. De doze arrondissements, passou-se a vinte. Haussmann alargou os seus planos com novas avenidas que ligariam todos os arrondissements ao centro da cidade. Os impostos municipais foram cobrados nas novas áreas a partir de 1 de janeiro de 1860. Em 17 anos, foram plantadas 600.000 árvores. Haussmann criou um gabinete municipal onde foram projectadas as cercas de jardim, os quiosques de jornais, os urinóis públicos, os postes de iluminação e os coretos decorativos para os 27 parques e praças que foram instalados em toda a cidade.

Haussmann, porém, que chegou com pouco, partiu com pouco. Era irritantemente honesto, mas tornou-se o alvo ideal para os inimigos de Luís Napoleão. E eram muitos. Após a morte de Morny, em 1865, Haussmann tornou-se alvo de crescentes ataques à sua probidade. Era responsável por muitas centenas de milhões de francos anuais e era o homem que tomava as decisões finais.

Em 1867, Napoleão III, enfraquecido politicamente e com uma saúde muito débil, ordena a demissão de Haussmann. Haussmann resistiu, mas em janeiro de 1870 foi demitido. Quando Haussmann foi destituído do cargo, tinha supervisionado a demolição de 19.722 edifícios, que foram substituídos por cerca de 43.777 novas estruturas, todas com água corrente e instalações sanitárias. Concebeu e supervisionou a construção de 95 quilómetros de novas ruas iluminadas a gás. Nunca aceitou um único suborno. Também não especulou nem possuiu uma única propriedade. Supervisionou a despesa do equivalente a mais de 32 milhões de dólares: Tudo foi devidamente contabilizado até ao último cêntimo. A sua pensão foi suprimida após a queda do segundo império. Não se reformou como um homem rico.

CONCLUSÃO

"Hegel observa algures que todos os grandes acontecimentos e personagens da história mundial aparecem, por assim dizer, duas vezes. Esqueceu-se de acrescentar: a primeira como tragédia, a segunda como farsa." Karl Marx estava a falar de Napoleão I e Napoleão III. Otto von Bismarck foi ainda mais condescendente com o governo de Luís Napoleão. Bismarck tinha passado o ano de 1861 como enviado diplomático prussiano em Paris, quando procurou compreender a cidade e o país. Observou que: "Vista de longe, parece muito impressionante. De perto, percebe-se que não é nada".

Os historiadores não têm sido gentis com a memória de Napoleão III. Em 1 de março de 1871, o Kaiser Wilhelm I,

Bismarck, Moltke e o exército prussiano concluíram a sua vitória com um grande desfile de 30.000 soldados pelos Campos Elísios até ao Arco do Triunfo. Napoleão III tinha conduzido a França à desastrosa Guerra Franco-Alemã de 1870-71. Uma ofensiva de tropas prussianas superiores, lideradas pelo General Helmuth von Moltke, tinha cercado o exército francês do Reno, liderado por Achille Bazaine, em Metz. Bazaine era um soldado profissional que tinha liderado o exército francês no México, tendo servido anteriormente na Argélia e em Espanha, e durante a Guerra da Crimeia: rendeu-se.

Em 1 de setembro de 1870, o exército francês do General Patrice MacMahan também capitulou perante os alemães na pequena cidade de Sedan, no noroeste do país. MacMahon tinha também servido na Argélia. A 2 de setembro de 1879, Napoleão III deixa a Porta Sul de Sedan. Aguardou a chegada de Bismarck. Bismarck diz a Napoleão III que só Moltke está habilitado a responder a qualquer pergunta. Luís Napoleão explica que está ali a título pessoal e não como governante de França e que pode entregar-se a si próprio e ao exército de Châlons. Todo o exército de Châlons se rendeu, cerca de 90.000 homens, juntamente com o marechal McMahon. Luís Napoleão foi informado de que seria aprisionado no palácio de Wilhelmshöhe, perto de Cassel.

A Imperatriz Eugénia, regente na ausência do marido, foi abandonada. A 4 de setembro, o Palácio das Tulherias foi cercado por uma multidão furiosa de 200.000 homens e mulheres. Apenas o embaixador da Áustria, Richard von Metternich, e o embaixador italiano Constantine Nigra ficaram com ela. Nigri apanhou um fiacre aberto de um cavalo na Rua de Rivoli e chegou finalmente à mansão do dentista americano de Luís Napoleão, Thomas Evans, na recém-construída Avenue l'Imperatrice de Haussmann (atual Avenue Foch). Dali, no Landau fechado de Evans, seguiram para Deauville, onde a Imperatriz Eugénia embarcou no iate inglês para Rye. No final do mês, Evans alugou a pequena mansão georgiana de Camden Place, em Chislehurst, Kent, a poucos quilómetros a sudeste de Londres, onde se juntou ao seu filho de catorze anos, que tinha sido enviado para Inglaterra pelo seu pai.

O Barão Haussmann deixou Paris e foi para Bordéus quando o império entrou em colapso. Quando Bordéus se tornou inseguro, atravessou a fronteira para Itália usando um nome falso e um passaporte falso. Aí permaneceria até ser seguro regressar a França. Os Rothschild também viram as suas vidas perturbadas e os prussianos ocuparam o castelo da família em Ferrieres. Bismarck teve um prazer especial e malicioso em ocupar o castelo de propriedade judaica. Paris capitulou perante os prussianos em janeiro de 1871. Foi assinada uma paz preliminar em Versalhes. A França perdeu a Alsácia-Lorena, foi obrigada a pagar uma indemnização de guerra de cinco milhões de francos até setembro de 1875 e o leste da França deveria ser ocupado até ao pagamento final. Em 18 de janeiro de 1871, numa cerimônia luxuosa realizada na Galeria dos Espelhos, foi declarado o Reino Alemão unificado, não em Bertin, mas em Versalhes.

Victor Hugo chamou a 1870-71 "O Ano Terrível". Mas partiu para Bruxelas. Durante o cerco de Paris "Já não é uma cidade. É uma fortaleza e as suas praças não são mais do que campos de parada", escreveu um habitante. Os estábulos e os jardins das Tulherias são agora um vasto parque militar. A inacabada Ópera Garnier era um depósito militar. Os oficiais da Guarda Nacional estavam alojados na Bourse. Os pontos altos, incluindo o Arco do Triunfo, tornaram-se estações de semáforos. As trabalhadoras do sexo foram transferidas para oficinas de costura de uniformes. O Palais-Royal e o Grand Hotel du Louvre tornam-se hospitais. Os voos de balão oferecem esperança. São lançados dois ou três balões por semana. Depois, recorre-se aos pombos-correio. A Gare d'Orleans (atual Gare d'Austerlitz) e a Gare du Nord são confiscadas pelos correios e transformadas em fábricas de balões. Em 1 de janeiro de 1871, Moltke ordenou às suas forças prussianas que lançassem 300-400 obuses por dia do seu canhão Krump sobre Paris. Foi a primeira vez na guerra moderna que a população civil foi bombardeada indiscriminadamente.

Paris viria a sofrer dois desastres militares e políticos num só ano. A Comuna de Paris teve início em reação à ordem da Assembleia Nacional Francesa, reunida em Versalhes, segundo a qual Adolphe Thiers tinha tentado e não conseguido apoderar-se dos 200 canhões da guarda nacional na colina de Montmartre. Os soldados recusaram. Dois generais foram assassinados e os seus corpos urinados. Thiers nomeou o Marechal Patrice MacMahon, que tinha rendido o exército francês em Sedan, para liderar as tropas da Assembleia. Bismarck permite que o exército francês aumente para 170.000 homens, libertando os soldados franceses presos

Paris foi novamente sitiada. Começaram as execuções de ambos os lados e foram erguidas barricadas por toda a cidade. Os communards estabeleceram pontos fortes com canhões em Montmartre, no Panteão e no Trocadero. George Clemenceau, presidente da câmara do 18º arrondissement, afirma: "Estamos presos entre dois bandos de loucos: os que estão em Versalhes e os que estão no Hotel de Ville." O arcebispo de Paris, Monsenhor George Darboy, foi detido e preso. A França provincial era fortemente católica. Os communards consideravam a Igreja corrupta e avarenta. Em 18 de abril de 1871, Karl Marx foi encarregado pelo Conselho Geral da Internacional de escrever um panfleto sobre a comuna.

Em maio, o Palácio das Tulherias, onde Napoleão III e a Imperatriz Eugénia tinham recebido luxuosamente os seus convidados, foi ocupado, a mansão de Thiere foi saqueada e o Grande Hotel do Louvre foi despojado de alimentos, álcool, tabaco, mesas e mobiliário. As execuções sumárias são comuns.

130.000 soldados de Versalhes entraram na cidade, Jules Bergeral tinha empilhado dezenas de barris de pólvora sob a cúpula central da Salle des Maréchaux do Palácio das Tulherias. Acendeu-a. A cúpula foi destruída e o palácio foi consumido pelo fogo num inferno estrondoso.

O Arcebispo Darboy foi levado perante um pelotão de fuzilamento com outros seis padres. O pelotão de fuzilamento falhou três vezes na tentativa de o matar e o golpe de misericórdia foi dado com pistolas e baionetas. O seu corpo e o dos seus companheiros foram atirados para uma vala aberta no cemitério de Pere-Lachaise. Foram mortos entre 20.000 e 30.000 communards. Karl Marx disse mais tarde que: "Thiers foi o verdadeiro assassino do Arcebispo Darboy." A última resistência teve lugar no cemitério de Père-Lachaise. 147 comunardos foram aí fuzilados e enterrados numa vala comum. O número de mortos da Comuna supera o do Reino do Terror durante a Revolução Francesa.

O grande projeto de Napoleão III e do Barão de Haussmann em Paris terminou em catástrofe. O Castelo de Saint-Cloud foi igualmente destruído durante a guerra franco-prussiana de 1870. Foi o local do golpe de Estado de

Napoleão Bonaparte que derrubou o Diretório francês em 1799: foi o local do 18 Brumaire.

O que é que podemos dizer no final sobre tudo isto? Sobre a reconstrução de Londres, de Lisboa e de Paris?

No dia 15 de janeiro de 1873, o caixão de Luís Napoleão Bonaparte foi colocado num carro funerário à porta de Camden Place, em Surrey, Inglaterra, para onde tinha ido para o seu último exílio, depois de ter sido capturado pelas forças de Bismarck e dos prussianos. Os comboios matinais de Londres tinham trazido milhares de pessoas. Luís Napoleão jazia embalsamado no seu uniforme de tenente-general da Chambre Ardente, com a sua espada ao lado e, a seus pés, um ramo de inmortales amarelas, as flores preferidas da sua mãe. Usa na mão esquerda a sua própria aliança de casamento e a de Napoleão I.

O Governo francês recusou-se a reconhecer o seu funeral e não enviou qualquer representante oficial, impedindo assim a participação do Governo inglês, da Rainha Vitória e da família real. No entanto, o estandarte real em Windsor foi baixado a meia haste, tendo a Rainha Vitória e a corte real ficado de luto durante quinze dias.

Mais tarde, os restos mortais de Luís Napoleão foram colocados num belo sarcófago doado pela Rainha Vitória. O estandarte real do Castelo de Windsor foi suspenso sobre o túmulo. Seis anos mais tarde, o Príncipe Luís Napoleão IV, de vinte e três anos, oficial do exército inglês, foi morto numa emboscada Zulu na África do Sul. O seu caixão foi transportado de volta para Chislehurst e colocado ao lado do seu pai.

O governo francês não lamentou a morte de Luís Napoleão. A nova República Francesa eliminaria Napoleão III e o segundo império da história de França, e o Marechal Patrice MacMahon, em troca da entrega de todo o exército francês a Bismarck em 1870, seria eleito presidente da república.

O príncipe Eduardo, futuro rei Eduardo VII, então príncipe de Gales, era devoto de Luís Napoleão desde 1855 e escreveu quase diariamente a Luís Napoleão em seu nome e em nome da rainha. Desde o dia do seu primeiro encontro em Paris, durante a Exposição Universal de 1855, que Luís Napoleão lhe era dedicado.

Bismarck e a Comuna de Paris enquadraram o reinado de Napoleão III e o Segundo Império francês, tal como a revolta de 1848 marcou o seu início.

Os projectos imperiais na Argélia, na Indochina e no México enquadraram também o reinado de Napoleão III e a destruição e reconstrução da nova Paris por Haussmann. Karl Marx e Vitor Hugo, Manet e Monet, definiram a imagem histórica de Napoleão III e, durante muitos anos, a reputação da reconstrução de Paris por Haussmann.

Mas o que é que aconteceu aos homens que tentaram refazer Londres e que refizeram Lisboa e Paris?

Não deixa de ser irônico que o Príncipe Imperial, filho de Napoleão III, tenha morrido na África do Sul às mãos dos Zulus.

O arquiduque austríaco Maximiliano, imperador do México, foi fuzilado por um pelotão de fuzilamento de Juaristas (e não de soldados franceses, como mostra o quadro de Édouard Manet) numa colina desolada nos arredores de Oaxaca, no México.

Pombal morreu muito doente e em desgraça no exílio, longe de Lisboa, no interior de Portugal. Depois de uma comissão de interrogatório ter chegado para investigar o seu governo, foi abortada por D. Maria I devido, segundo o decreto, à sua idade avançada e à sua doença.

O seu corpo foi posteriormente transladado e sepultado na pouco visitada Igreja da Memória, em Lisboa.

O corpo do imperador Napoleão III encontra-se numa pequena abadia fundada pela sua mulher, perto do aeroporto de Farnborough, em Surrey, onde se realizam os espectáculos aéreos de Farnborough. A Imperatriz morreu em 1920 e jaz agora ao lado do seu marido e do seu filho. A abadia é cuidada por um pequeno grupo de freiras. Atualmente, a Abadia não está aberta ao público.

Christopher Wren está sepultado na sua grande catedral de São Paulo, em Londres.

Inigo Jones jaz na Igreja de Gales, em grande parte esquecido. Embora, nos últimos anos, Covent Garden tenha se tornado novamente uma zona de moda e cultura, com a Royal Opera House e hotéis e restaurantes da moda nas proximidades.

As ruas de Londres permanecem tal como eram antes do grande incêndio de Londres, quando foi negada a Christopher Wren a oportunidade de replanear a capital.

Mas Lisboa e Paris permanecem tal como os Marquês de Pombal e Napoleão III as imaginaram, ambas reconstruídas para refletir a modernidade, Lisboa reconstruída após o catastrófico terramoto de 1755 e Paris reconstruída entre as revoltas revolucionárias europeias de 1848 e a catastrófica derrota da França por Bismarck e uma Prússia ressurgente, o cerco de Paris e os dias sangrentos da comuna de Paris.

George Haussmann regressa a Paris e passa os seus últimos dias num alojamento alugado, com a sua escassa pensão de 6.000 francos. Nas suas memórias, escreve: "Aos olhos dos parisienses, que gostam da rotina nas coisas mas são mutáveis no que respeita às pessoas, cometi dois grandes erros. Durante 17 anos, perturbei as suas rotinas quotidianas, virando Paris do avesso; e tiveram de olhar para o mesmo rosto do prefeito no Hotel de Ville. Foram duas queixas imperdoáveis". Até hoje, muitos parisienses ainda o consideram um vigarista.

Mas talvez Georges Haussmann tenha a última gargalhada, ou talvez a última careta. Está enterrado na Cimitière du Père-Lachaise, em Paris: O primeiro cemitério-jardim. Os parisienses podem ainda considerá-lo corrupto, o que não era, embora o meio-irmão de Napoleão III, o conde de Morny, o fosse certamente. Mas entre os seus companheiros cadáveres no Cimetiere du Père-Lachaise encontram-se Jim Morrison, Oscar Wilde, Edith Piaf, Isadora Duncan, Maria Callas, Gertrude Stein, Chopin, Colette, Richard Wright, Miguel Angel Asturias, Rossini, Bizet, Sarah Bernhardt: Poucos teriam estado lá se Napoleão III e o Barão Haussmann não tivessem remodelado Paris. Que, apesar da turbulência política e de muitos novos regimes ao longo dos anos, se mantém até aos dias de hoje.

5
CONCLUSION

By way of conclusion, we have built an edited transcript of a podcast we generated about the book using Google's Notebook LM system. It generates a podcast built around a conversation between and man and a woman about the entire book and identifies major themes and questions addressed in the book.

It provides a very useful conclusion to the book itself.

Speaker 1 : It's fascinating to see how profoundly different the trajectories of these cities were after experiencing such widespread destruction shaped by a unique interplay of political will, economic realities and even architectural philosophies.

Let's begin by stepping back into 17th century London. It was hit by a truly devastating one two punch.

First came the Great Plague of 1665, 1666, which tragically wiped out about a quarter of the city's population, something like 100,000 people. King Charles the Second himself was forced to flee London.

And just as London was starting to catch its breath, bang, the great fire erupted in 1666, consuming pretty much

THE TALE OF THREE CITIES

everything from the Tower of London all the way to Fleet Street. It was an apocalyptic scene.

Samuel Pepys watching from across the Thames captured the horror in his diary. He wrote: "It made me weep to see it. The churches, houses, and all on fire and flaming at once; and a horrid noise the flames made, and the cracking of houses at their ruins."

You have to picture a city mostly built of timber, medieval buildings packed so closely together just fuel for the fire. It must have spread incredibly fast, and the fire was relentless. 5/6s of the walled city just gone.

It's no surprise that rumors started flying, people blaming the French, the Dutch, even Catholics, for arson. Understandable, I suppose, in the panic. But out of this devastation, King Charles the Second offered a glimmer of hope. He promised a MUCH more beautiful city, and crucially, he mandated that all future construction must use brick or stone. That decree alone was huge, a fundamental shift, away from timber. And that phrase "a much more beautiful city" opened the flood dates for some really ambitious reconstruction ideas.

People saw an opportunity. Ambitious is maybe an understatement. You had Richard Newcourt proposing public squares with churches. Robert Hooke, quite the visionary, suggested a completely new grid system for the streets with market squares and churches, sort of like, you know, modern American city layouts, streets at right angles, a radical idea for London at the time.

Then Sir John Evelyn, who'd traveled in Europe, put forward an Italian inspired radial plan, and of course, Christopher Wren, who envisioned wide avenues radiating from Central piazzas, including a grand Royal Exchange

Piazza, with specific zones for the post office, customs, goldsmiths, banking. Really thought through.

Despite all these forward thinking plans, London was largely rebuilt on its original winding medieval street plan,

Speaker 2: Why did that happen?

Speaker 1: It came down to the sheer complexity of land ownership. Individual citizens held title to specific plots, these little medieval parcels of land, property rights, and navigating those pre-existing claims proved to be a far more powerful force than even the King's desire for a brand new design.

So pragmatism trumped grand vision, in a way, but not entirely, because the buildings changed. The Act of Reconstruction of 1666, did bring significant changes. It regulated building heights to be no more than four stories, and as the King mandated brick or stone for the construction.

Robert Hooke served as the surveyor of works, overseeing things on the ground, and Sir Christopher Wren's contributions are just iconic, the magnificent St Paul's Cathedral, of course, but also 50 new churches that completely redefined the London skyline and designing the Royal Observatory Greenwich too.

So while the familiar twists and turns of London's streets remained, the actual buildings and the overall feel of the city was transformed.

Let's now turn our attention southward to Lisbon, where a different kind of catastrophe led to change.

Speaker 2: This was the great earthquake of November 1, 1755, All Saints Day, the magnitude estimates are staggering, 8.5 to 9.1 followed quickly by a devastating tsunami and then widespread fires broke out in the rubble. The timing of the earthquake on All Saints Day was particularly cruel. So many people were attending Mass in the city's numerous churches. When it hit Lisbon, back then, was a major port right on the Tagus River estuary, and at the heart of Portugal's global empire.

Speaker 1: You had the Royal Palace, the Casa de India, the House of India, which managed trade in spices from the east, sugar, diamonds, gold from Brazil. Immense wealth flowed through there.

But there was a broader European perception of Lisbon being kind of backward.

The Inquisition was still very active which contributed to an image, particularly in Protestant Northern Europe, of being religiously conservative, maybe less modern, and then this colossal earthquake strikes. The epicenter was off the southeast coast. The destruction was almost total in some areas. The entire waterfront basically sank. The Royal Palace was destroyed. Over 15,000 people killed, maybe more. Estimates vary wildly.

Even brand-new buildings weren't spared. The new patriarchal Church, the Opera House, both gone.

This even sent shock waves, literally and figuratively, across Europe. People were stunned, and Britain, interestingly, despite being a Protestant nation, was among those offering aid. The British Consul at the time described the areas near the river, the commercial heart of the city, as nothing but a heap of rubbish, incredible to those who are not eyewitnesses of it.

It demanded an immediate, decisive response, and this is where the Marquês de Pombal enters the story. His actions were swift and pretty ruthless, focused on the grim necessities, burying the dead, restoring order. His famous attributed quote was to bury the dead and feed the living. Very pragmatic. He moved fast to collect bodies, trying to prevent disease, crack down hard on looting. Apparently he erected 80 gallows as a very clear warning.

Speaker 2:. But it wasn't just him, was it? Manuel da Maia was the key architect and he played a key role as well in the planning stage. He insisted, crucially, that no rebuilding happen until a proper master plan was approved,

Speaker 1: Maia even considered moving the whole city but eventually argued for rebuilding on the existing site. And his vision for the commercial center was a grid plan, another grid plan like Wren proposed for London.

He drew inspiration from places like Turin and likely aware of Wren's London plans too. There was an interesting, almost accidental development that helped him though.

Speaker 2: What was that?

Speaker 1: King Dom José I developed a deep fear of stone buildings after the earthquake. He was terrified of being inside them. This meant he wasn't pushing to rebuild the royal palace immediately on its prime waterfront spot. And this removed a potential major obstacle for the planners wanting a radical redesign of that area. So the King's trauma actually opened the door for a more revolutionary plan for the rebuild.

It was a grid plan developed by Eugénio dos Santos and Carlos Mardell, which completely reinvented the city center. Property rights had to be fundamentally reorganized. And the old royal square became the Praça do Comércio, the huge open square facing the river,

Speaker 2: This wasn't like London where landowners dictated the streets, not the planners.

Speaker 1: Pombal was firmly in charge, standardized

earthquake resistant construction was mandated for the Baisa district. They use this innovative gaola system.[1]

Speaker 2: Tell us about that.

Speaker 1: It's basically a flexible timber cage built within the masonry walls. The idea was it could absorb and dissipate seismic shocks, preventing the rigid stone walls from just collapsing.

Speaker 2: What else did they standardize?

Speaker 1: Buildings had to incorporate individual cisterns for water useful for firefighting too, plus a central underground water system. Pombal was also focused on sanitation and public health.

They did allow for subtle variations, apparently, indoor and balcony designs, just to avoid absolute monotony. The top-down approach shows how a strong central authority can impose massive change after a disaster, prioritizing a new vision over just rebuilding.

Speaker 2: But English merchants played a role in the rebuilding didn't they?

Speaker 1: English merchants played a surprisingly significant role in the physical rebuilding. Figures like William Stevens and John Perminter both from Devon, were key collaborators. They supplied essential materials, things like high quality glass and apparently a type of quick drying cement.

This really highlights the inter-connectedness of the flow of know-how and resources across Europe, even after a disaster.

Speaker 2: Let us now focus on Paris and its transformation under Napoleon the Third and Baron Haussmann. This was different, wasn't it not really response to a single catastrophe?

Speaker 1: Certainly not in the same way. This is more about projecting an image of 19th century modernity, imperial power, and also, crucially, control. Wide street boulevards are harder to barricade than narrow medieval streets, but the scale of Haussmann's work was just immense. Something like 75% of Paris's urban fabric was demolished or significantly altered. 75% in under two decades. It was astonishingly fast. And it wasn't just new buildings. It was a complete infrastructure overhaul, sewers, water supply, gas lighting,

Speaker 2: What was Haussmann's main goal?

Speaker 1: Officially, it was primarily improving traffic flow, making it easier for commerce and troops to move around the city, creating grand public spaces fit for the capital of the Second Empire. He divided the city into four sectors and those famous boulevards became the defining feature of the city.

They cut through the Old City, connecting key points like the new train stations and government buildings with the new grand straight avenues. It was a massive undertaking.

Speaker 2: How did they even manage it?

Speaker 1: Politically and financially, it required considerable authority. They used eminent domain extensively. The government's right to seize private property for public use with compensation, but often people were forced out of their homes.

It involved huge investments, both public money and private capital. Speculation was rife.

They built a standardized Haussmann building with strict rules regarding height, the look of the facade, even the floor layouts. The cream-colored stone facades and the balconies became dominant.

They also laid down extensive underground gas lines

for street lighting, very modern for the time. Plus they created huge parks on the edges of the city and reorganized the administrative districts, the arrondissements. It was a total reshaping.

Speaker 2: This transformation happened under Napoleon the Third's rule, which wasn't exactly a beacon of liberty, was it?

Speaker 1: I. It was an authoritarian regime. Political freedoms were limited. Critics like Karl Marx and Victor Hugo were very vocal against it.

The rebuilding did not end well. It culminated in disaster, the Franco Prussian war, which France lost badly, then the devastating siege of Paris, starvation and immediately after that the Paris Commune, a bloody uprising with the destruction of many key landmarks.

This is a stark reminder that urban transformation and political violence can be tragically intertwined.

It's just remarkable to contrast these approaches, London's pragmatic adaptation, working with the existing structure. Then Lisbon's radical top-down reinvention, driven by Enlightenment ideas about order, resilience, centralized power, and Paris's sweeping modernization, fueled by imperial ambition and a drive for control and grandeur.

The architecture, the street layouts, even the social dynamics in these cities were profoundly shaped by how they were rebuilt after catastrophe or how they were deliberately transformed.

Was it the vision, the city's history, or the power dynamics which mattered most in these urban transformations?

Probably a mix of all three, but in different measures, each time,

When you look at these different outcomes, the personalities involved, what really determines the long term success, or at least the public perception of these huge urban transformations?

Is it the brilliance or efficiency of the plan itself?

Is it the resilience of the original city, the stuff that doesn't get changed?

Or is it ultimately down to the political and social forces pushing things through?

6
THE TRANSITIONS IN PHOTOS, PAINTINGS AND GRAPHICS

This epilogue contains iconographic images of London, Lisbon, and Paris.

These provide additional evidence in support of the chapter on disasters and reconstruction.

They involve images from the period discussed as well as recent photographs of the architectural sites in question.

LONDON

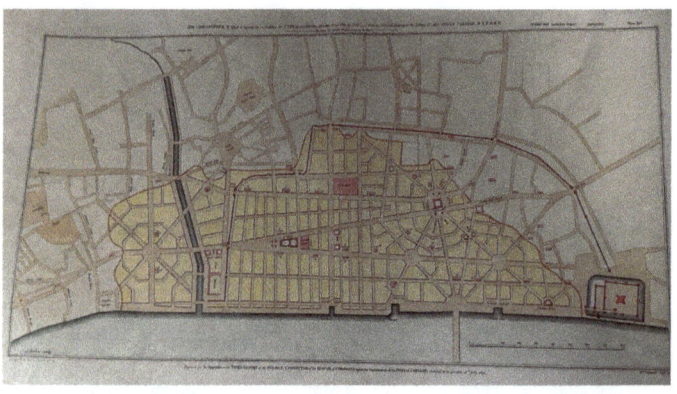

Sir Christopher Wren's Design for re-building the city of London, after the Great Fire of 1666: from an original Drawing in the Library of All-Soul's College, Oxford. This version was to be included in a Parliamentary report on plans to improve thr port of London, s/n:18476. Kenneth Maxwell collection.

Christopher Wren (1632-1723) by Godfrey Kneller 1711 (public domain)

THE TALE OF THREE CITIES

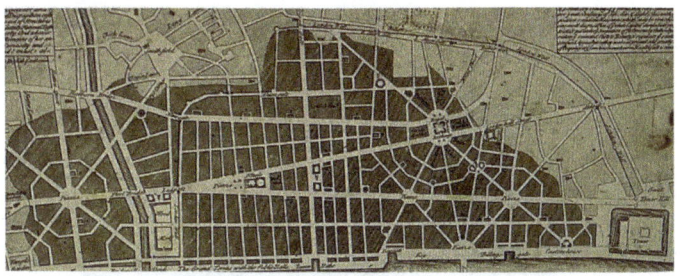

Christopher Wren (1632-1723) by Godfrey Kneller 1711 (public domain).

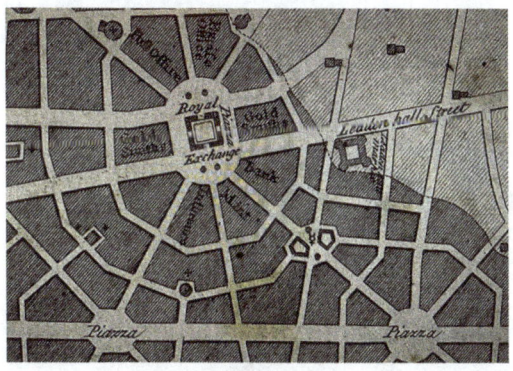

London redesigned by Christopher Wren (RIBA)

The Great Fire of London (1666) (unknown painter)
(1675) (public domain)

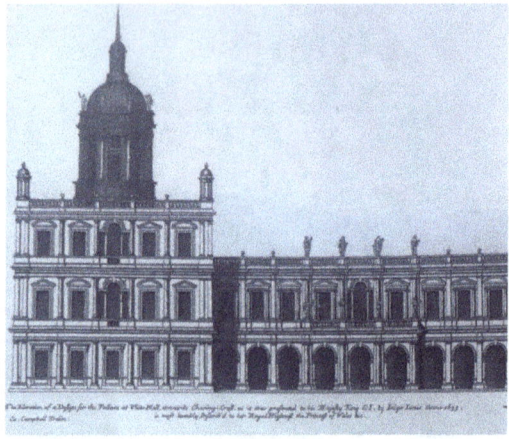

Design for the Palace of Whitehall, Inigo Jones (1639), Colen Campbell, Vitruvius Britannicus, *London, Vol II, MDCCXVII, ?C.2, PL 16-19.*

Covent Garden (1751) Sheila O'Connell, London 1753 (London, The British Museum Press, 2003).p 133

The West Prospect of Covent Garden, invented by Inigo Jones (1640) Colen Campbell, Vitruvius Britannicus, *London, Vol II, MDCCXVII, C.2, PL, 21-22.*

THE TALE OF THREE CITIES

Golden Square: Residence of Sebastião Jose de Carvalho e Melo (the future Marquês de Pombal) while he was the Portuguese Ambassador in. London. (Contemporary print) (Rocque's Map of London. 1746)

Golden Square, image of the square (contemporary print)

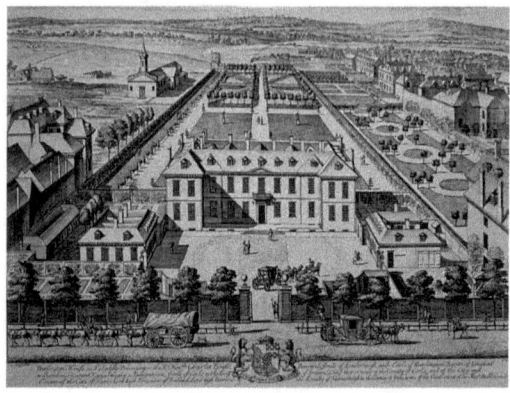

Burlington House: Etched and Engraved by Johannes Kip after Leonard Knyff, Britannia Illustrata, (1707) plate 29, Royal Academy of Arts, London (Susan Weber (ed) William Kent: Designing Georgian Britain (Bard Graduate Center, New York, Yale University Press, New Haven and London, 2014) p. 165.

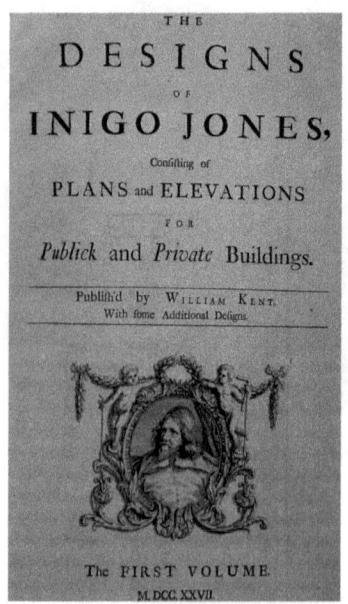

The Designs of Inigo Jones Consisting of Plans and Elevavations for Public and Private Buildings, published by William Kent (London, MDCCXXVII)

PARIS

The framing of the reign of Napoleon III and the role of the Baron Haussmann in the reconstruction of Paris between the 1848 uprisings and the Franco-Prussian War and the Paris Commune on 1871.

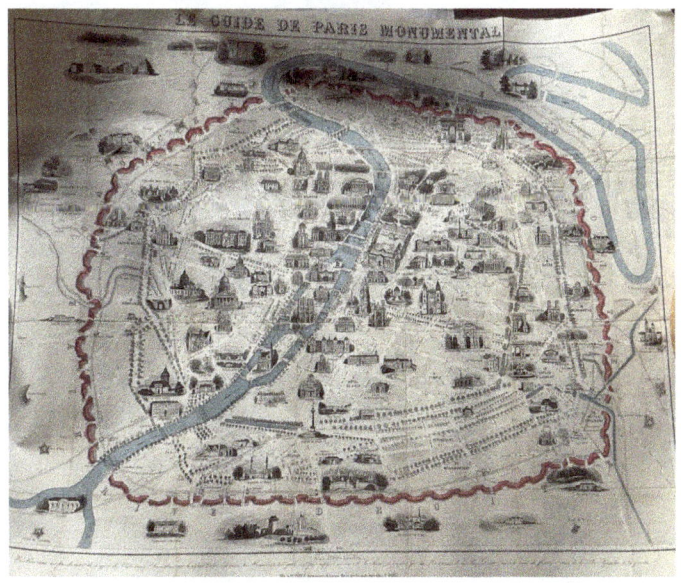

Testard (Jacques-Alphonse): Le Guide de Paris Monumental, an original map, 18 x 24in., published in Paris, 1860. Kenneth Maxwell collection.

George-Eugene Haussmann (photo image public domain).

The Baricade of rue Saint-Maur-Popincourt before the attack in Sunday June 25, 1848, before the attack by General Lamoriciere's troops, Daguerreotype by Thibault, Musee d'Orsey, Paris (Thomas Mayo/OSTKREUZ) Cover of Christopher Clark, Revolutionary Spring: fighting for a. New World, 1848-1849 (Penguin Random House, 2023)

Karl Marx: The Eighteenth Brumaire of Lous Napoleon

Portrait of Napoleon III., Adolphe Yvon 1817-1893) (Public Domain).

Adolphe Yvon - Haussmann presenting the plan for the annexation of the suburban communes to Paris in 1860. The annexation increased the size of the city from 12 to 20 arrondissements. (public domain).

Pierre Tetar van Elven (1825-1905) Fete de nuit aux Tuileries, 10 June 1867 (Public domain).

THE TALE OF THREE CITIES

Haussmann period (1853-1870) 36-38, boulevard beaumarchais, architect- Roland (Paris Haussmann. Pavilion de l'arsenal. 2017, p156

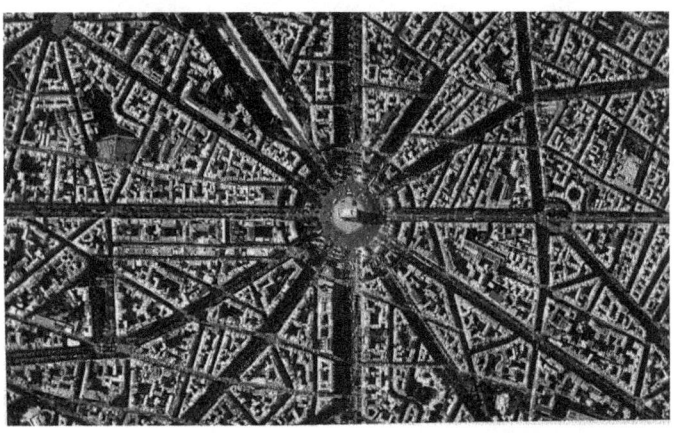

The Place de l'Etoile: Haussmann's reconfiguration and boulevards (aerial view)

Haussmann's Paris (photo image)

The burning of the Tuileries Palace during the Commune (contemporary print) (public domain)

The burning of of the Hotel de Ville (contemporary print)(public domain).

Prussian Troops Parade down the Champs-Elysee (March 1, 1871) (Public Doimain)

LISBON

The images here cover the reconstruction of Lisbon, including the designs of the new buildings, the construction of earthquake proof structures, and the main publications in the debate of the cause of the earthquakes (divine judgment or natural causes).

The dispute on the origins of the earthquake. The Jesuit,

Gabriel Malagrida, said that it was the wrath of God. The "New Christian" Paris-based leading enlightenment savant, Antonio Ribeiro Sanches, argued that it had natural causes. His booklet on public heath and earthquakes was published and distributed by Sebastião Jose de Carvalho e Melo (Pombal).

Ribeiro Sanches was a paid consultant to Pombal. Malagrida was denounced to the Inquisition by Pombal and he was convicted in a Auto da Fe and burnt at the stake. Father Malagrida was the last person in Portugal to suffer this fate.

Carlos Mardel and Eugenio dos Santos, "Estudo para a Planta Final da Baixa-Chiado" (Instituto Geográfico Portugues, www.igeo.pt). Jose-Augusto Franca, "A Reconstrução de Lisboa" 1755: O Grande Terramoto de Lisboa (Lisboa, FLAD/Público 2005) vol 1, p. 311.

The Marquês de Pombal (Kenneth Maxwell collection),

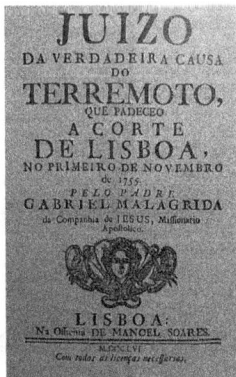

Father Gabriel Malegrida on the true cause of the earthquake.

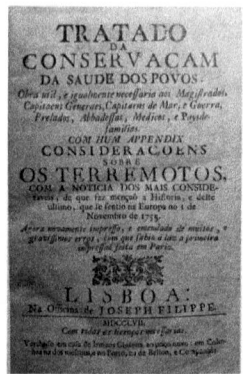

Antonio Nunes Ribeiro Sanshes Treaty on Public Health and Considerations on Earthquakes.

The Lisbon Earthquake and Tsunami (contemporary image)

THE TALE OF THREE CITIES

The Pombaline Baixa of Lisbon (aerial view).

Corte de Edifício, Rua de S. Julião, 110, (Jorge Mascarenhas, "Sistema de Construção, - V - O Edifício de Rendimento da Baixa Pombalina, (Lisboa, Livros Horizonte, 2004) p. 135.

Lisbon Reclus, 1894, (Kenneth Maxwell Collection)

The design of the praca do comercio by Carlos Mardel (academia das belas artes, Lisboa)

Praça do Comércio (1964) (Postcard)

THE TALE OF THREE CITIES 183

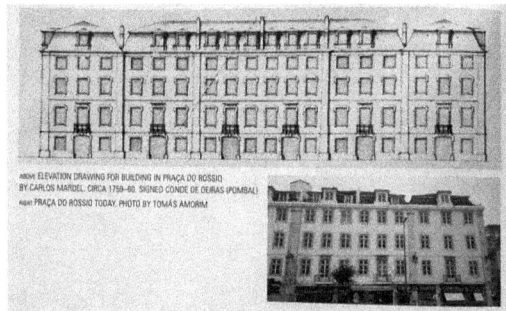

Elevation drawing of the building in Praca do Rossio by Carlos Mardel, circa 1759-60, singed by the the count of Oeiras (Marquês de Pombal) and the Praca do Rossio today (Photo by Tomas Amorim). From Kenneth Maxwell, "Lisbon: The Earthquake and Urban Recovery under the Marquês de Pombal" in Joan Ockman (ed) Our of Ground Zero (Temple Hoyle Buell Center for the Study of American Architecture, Columbia University, Munich and New York, Prestel, 2002) p. 34.

Inigo Jones's Palace of Whitehall (with cúpula removed) and Eugenio dos Santos pavilion for the Praca do Comercio (Kenneth Maxwell, The Lisbon Earthquake of 1755, History Department Faculty Seminar, Harvard. University, November 17, 2005) p. 53).

The Baixa, Rua Augusta: The view north from the Praca do Comércio toward the Praca do do Rossio (Photo by Tomas Amorim).

The Praca do Comercio, Lisbon (photo: Tomas Amorim)

The Rossio (photo, Tomás Amorim)

THE TALE OF THREE CITIES

Covent Garden Arcade (photo, Kenneth Maxwell)

Praça do Comércio Arcade (photo, Kenneth Maxwell).

The Rossio, Lisbon, in 1964 (postcard).

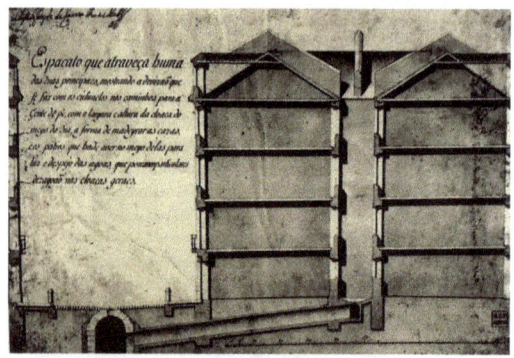

The plans for the new building were all signed by Sebastião Jose de Carvalho e Melo (later the count of Oeiras and the Marquês de Pombal.

Earthquake proof buildings in the Baixa: Paredes em frontal pombalino dispostas segundo as duas direções ortogonais dos edifícios, dotadas de uma treliça de madeira preenchida com elementos cerâmicos argamassados. Vitor Coias e Silva, Sistemas Construtivos usados na reconstrução: A "Gaiola" Pombalina: EstudosRecentes, 1755: O Grande Terramoto de Lisbon (FLAD/Publico, 2005, vol 1, p. 330.

The Manner of the execution of the Conspirators at Lisbon January 13, 1759 Engraved from an original Drawing made on the spot by Mr. Elsden. (Kenneth Maxwell Collection)

William Stephens and John Parminter were both from Devon in Southwest England who were Lisbon merchants and entrepreneurs. They were close collaborators of Pombal during the reconstruction of Lisbon providing quick drying cement plaster and glass for the new earthquake proof buildings. Both became very rich as a result:

William Stephens (Guilherme Stephens) (1731-1803) Culm importer and glass maker, Lisbon and Marinha Grande.

John Parminter (1712-1780) British merchant in Lisbon (from Devon, England) who provided glass and quick drying cement for the new post-earthquake buildings in the Baixa Pombalino (A La Ronde, Devon, National Trust).

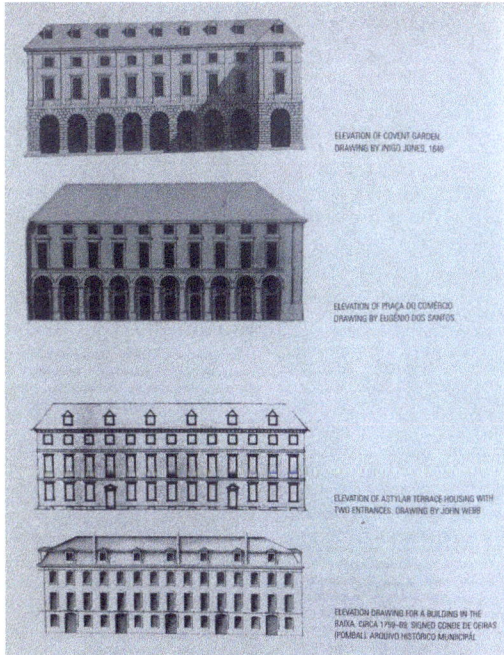

The comparison of the deigns of Covent Garden, London, and the Praca do Comerico, Lisbon (Kenneth Maxwell, "The Earthquake of 1755 and Urban Recovery under the Marquês de Pombal" Joan Ockman (ed) Out of Ground Zero (Temple Hoyle Buell Center for the Study of American Architecture, Columbia University (Munich and New York, Prestel, 2002) p. 36.

The Pombaline Baixa, Lisbon (aerial view).

REQUIEM

St. Benet Welsh Church, Paul's Wharf, City of. London. In 1652 Inigo Jones was buried here alongside his father and mother. It is the only unaltered Wren Church in the city (public domain).

George Eugène Haussmann (1809-1891) (Cmemetery Père -Lachaise, Paris,) (public domain).

The Mausoleum of Pombal in the Igreja da Memória in Ajuda, Lisbon.

Re: The sarcophagus of emperor Napoleon III (creative cinnamons commons share-alike 2.0).

ABOUT THE AUTHOR

Kenneth Maxwell was the founding Director of the Brazil Studies Program at Harvard University's David Rockefeller Center for Latin American Studies (DRCLAS) (2006-2008) and a Professor in Harvard's Department of History (2004-2008).

From 1989 to 2004 he was Director of the Latin America Program at the Council on Foreign Relations, and in 1995 became the first holder of the Nelson and David Rockefeller Chair in Inter-American Studies.

He served as Vice President and Director of Studies of the Council in 1996. Maxwell previously taught at Yale, Princeton, Columbia, and the University of Kansas.

Kenneth Maxwell founded and was Director of the Camões Center for the Portuguese-speaking World at Columbia and was the Program Director of the Tinker Foundation, Inc. From 1993 to 2004, he was the Western Hemisphere book reviewer for Foreign Affairs.

He was a regular contributor to *The New York Review of Books* and was a weekly columnist between 2007 and 2015 for *Folha de São Paulo* and monthly columnist for *O Globo* from 2015.

Maxwell was the Herodotus Fellow at the Institute for Advanced Study, Princeton, and a Guggenheim Fellow. He served on the Board of Directors of The Tinker Foundation, Inc., and the Consultative Council of the Luso-American Foundation.

He is also a member of the Advisory Boards of the Brazil Foundation and Human Rights Watch/Americas. Maxwell received his B.A. and M.A. from St. John's College, Cambridge University, and his M.A. and Ph.D. from Princeton University.

He is a regular contributor to *Second Line of Defense* and *Defense.info* as well.

ABOUT THE EDITOR

Dr. Robbin F. Laird is a long-time analyst of global defence issues. He has worked in the U.S. government and several think tanks, including the Center for Naval Analyses and the Institute for defence Analyses.

He is a frequent op-ed contributor to the defence press, and he has written several books on international security issues.

He is the editor of two websites, *Second Line of defence* and *defence.info*.

He is a member of the Board of Contributors of *Breaking defence* and publishes there on a regular basis.

He is a research fellow with The Sir Richard Williams Foundation.

He is also based in Paris, France, and he regularly travels throughout Europe and conducts interviews with leading policymakers in the region.

NOTES

2. URBAN RENEWAL, AND MODERNISM: LONDON AFTER THE GREAT FIRE OF 1666; LISBON AFTER THE GREAT EARTHQUAKE OF 1755; PARIS UNDER NAPOLEON III AND THE BARON HAUSSMANN.

1. Barber, Peter, London: *A History in Maps* (Londres, The London Topographical Society en association avec le British Museum, 2012) ; Beddington, Charles, Canaletto in England: *A Venetian Artist Abroad, 1746-1755* (New Haven et Londres, Dulwich Picture Gallery, Yale University Press, 2006) ; Calloway, Stephen (éd.) *The Elements of Style: A Practical Encyclopaedia of Interior Architecture of Interior Architectural Details from 1485 to the Present* (New York, Simon & Schuster, 1991) ; Campbell, Colen, *Vitruvius Britannicus or The British Architect containing The Plans, Elevations, and Sections of the Regular Buildings both Public and Private in Great Britain* (Londres, vol. I, 1715, vol. 2, 1717, vol. 3, 1725) ; Delbourgo, James, *Collecting the World : Hans Sloane and the Origins of the British Museum* (Cambridge, Massachusetts, The Belknap Press of Harvard University Press, 2017) ; O'Connell, Sheila, avec des contributions de Roy Porter, *Celina Fox et Ralph Hyde, London 1753* (Londres, The British Museum Press, 2003) ; Parisiense, Steven (éd.) *Celebrating Britain : Canaletto, Hogarth and Patriotism* (Compton Verney, Warwickshire, Paul Holberton Publishing, 2005). Longstaffe-Gowan, Todd, *The London Square: Garden in the midst of Town* (New Haven et Londres, The Paul Mellon Center for Studies of British Art par Yale University Press, 2012). *Rocque's Map of Georgian London* (Londres, Old House, 2013). Shawe-Taylor, Desmond (éd.) *The First Georgians: Art & monarchy 1714-1760* (Londres, Royal Collection Trust, 2014). Tinniswood, Adrian, *His Invention so Fertile: A Life of Christopher Wren* (Londres, Pimlico, 2002). Weber, Susan (éd.) *William Kent: Designing Georgian Britain* (New Haven et Londres, Bard Graduate Center: Decorative Arts, Design History, Material Culture, New York, Yale University Press, 2014).
2. Barreto, Antonio, (organização) Marquês *de Pombal : Catálogo Bibliográfico e Iconográfico* (Biblioteca Nacional, Lisbonne, 1982) ; Barreto, Antonio, (organização) Marquês de Pombal : Catálogo Bibliográfico e

Iconográfico (Biblioteca Nacional, Lisbonne, 1982) ; Barros, Carlos Vitorino da Silva, *Real Fábrica de Vidros da Marina Grande, II Centenário, 1769-1969* (Lisbonne, Fábrica-Escola Irmãos Stephens - Instituto Nacional de Investigação Industrial, 1969) ; Buescu, Helena Carvalho, Cordeiro, Gonçalo, *O Grande Terramoto de Lisboa Ficar Diferente* (Lisbonne, Gradiva - Fundação Cidade de Lisboa, 2005 ; Delaforce, Angela (coordenação) *Portugal e o Reino Unido* (Lisbonne, Fundação Calouste Gulbenkian, 1995) ; Delaforce, Angela, *The Lost Library of the King of Portugal* (Londres, AD ILISSVM, 2019) ; Delaforce, Angela, *Art and Patronage in Eighteenth Century Portugal* (Cambridge, Cambridge University Press, 2001) ; Faria, Miguel Figueiredo de, *A Vida de Joaquim Carneiro da Silva (1732-1818) A Idade do Papel, Arte, Política e Sociedade. No Tempo das Luzes* (Lisbonne, Imprensa Nacional - Casa da Moeda, 2021) ; Gibbs, James, *Gibbe's Book of Architecture, An Eighteenth Century Classic* (Mineola, New York, Dover Publications Inc., 2008) ; Goudar, A., *Relation historique du Tremblement de Terre survenue à Lisbonne le premier Novembre 1755.* (A La Haye, Chez Philanthrope, a la Vérité, MDCCLVI) ; *Obra Completa Pombalina. Édition annotée de manière critique,* (direction, José Eduardo Franco, Pedro Calafate, Viriato Soromenho-Marques, Vol. I, *Écrits d'Angleterre* (1738-1739) (coordination, introduction et annotation par Ana Leal Faria) (Coimbra, Imprensa da Universidade, 2024) ; Faria, Figueira de, (coordination) du Terreiro do Paço à la *Praça do Comércio : História de um Espaço Urbano (Lisbonne, Universidade Autónoma de Lisboa - Imprensa Nacional* Casa da Moeda, 2012) ; Franca, José-Augusto, *Une ville des Lumières : La Lisbonne de Pombal* (Paris, S.E.V.P.N., 1965) ; Leite, Serafim S.I., *Suma Histórica da.Companhia de Jesus no Brasil* (Assistência de Portugal) 1549-1760, (Lisbonne, Junta de Investigações do Ultramar, 1965) ; Levenson, Jay A., (éd.) *The Age of the Baroque in Portugal* (New Haven et Londres, National Gallery of Art, Washington, Yale University Press, 1994) ; Machete, Rui (Apresentação) *1755: O Grande Terramoto de. Lisboa* (Lisbonne, Público et Fundação Luso-Americano, 2 vol., 2005) ; Martins, Rocha, *O Marquês de Pombal Desterrado, 1777-1782* (Lisbonne, Empresa Nacional de Publicidade, n.d.); Maxwell, Kenneth, *Marquês de Pombal: Paradoxo do Iluminismo* (São Paulo, Paz e Terra, 1996); Maxwell, Kenneth, *O Marquês de Pombal: Ascensão e Queda* (Lisbonne, Manuscrito, 2015); Molesky, Mark, *This Gulf of Fire: The Destruction of Lisbon or Apocalypse in the Age of Science and Reason* (New York, Alfred A. Knopf, 2015) ; Monteiro, Nuno Gonçalo Freitas, *O Crepúsculo dos Grandes* (1759-1832) (Lisbonne, Imprensa Nacional - Casa da Moeda, 1996) ; Ockman, Joan, (éd.) *Out of Ground Zero: Case Studies in Urban Reinvention* (New

York et Munich, Temple Hoyle Buell Center for the Study of American Architecture, Columbia University, Pestel, 2002) ; Rossa, Walter, *Beyond Baixa: Signes de l'urbanisme à Lisbonne au XVIIIe siècle* (Lisbonne, Ministério da Cultura/Instituto Português do Património Arquitectónico, 1998) ; Roberts, Jenifer, Glass : *The Strange History of the Lyne Stephens Fortune* (Chippenham, Templeton Press, 2003) ; Santana, Francisco, (recolha e índices) *Lisboa na 2a Metade do Séc. XVIIIe siècle* (Plantes et descriptions de ses paroisses) (Lisbonne, Câmara Municipal de Lisboa, s.d.) ; Santos, Maria Helena Ribeiro dos, *A Baixa Pombalina : Passado e Futura* (Lisbonne, Livros Horizonte, 2000) ; Stepanek, Oavek, *Mécènes de Josef Manes. A Família Silva Tarouca e a sua Influência na Cultura Checa* (Prague, Universidade Palacky de Olomouc, 2015) ; Tavares, Rui, *O Pequeno Livro do Grande Terramoto, Ensaio sobre 1755* (Lisbonne, Tinta-Da-China, MMXVII) ; Viegas, Inês Morais, (Coordenação do Projecto) *Cartulário Pombalino, Coleção de 70 Prospectos (1758-1846)* (Lisbonne, Arquivo Municipal de Lisboa, 1999) ; Vogel, Christine, Guerra aos Jesuítas, *A Propaganda Antijesuítica do Marquês de Pombal em Portugal e na Europa, Prefácio de José Eduardo Franco* (Lisbonne, Temas e Debates, Circulo-Leitores, 2017) ; Walker, Charles F. , Shaky Colonialism: *The 1746 Earthquake-Tsunami in Lima, Peru and its Long Aftermath* (Durham & Londres, Duke University Press, 2008).

3. Clark, Christopher, *Revolutionary Spring: Fighting for a New World, 1848-1849* (Londres, Allen Lane - Penguin Random House, 2023) ; McAuliffe, Mary, *Paris, City of Dreams: Napoleon III, Baron Haussmann and the Creation of.Paris* (Lanham, Boulder, New York, Londres, Rowman & Littlefield, 2020) ; Jallon, Benoit, *Napolitano, Umberto, Boutte, Franck, Paris Haussmann, Modèle de Ville, A Model's Relevance* (Paris et Zurich, Editions du Pavillon de l'Arsenal et Park Books, 2017) ; Smee, Sebastian, *Paris in Ruins : The Siege, the Commune and the Birth of Impressionism* (Londres, Oneworld Publications. 2024) ; Strauss-Schom, Alan, *The Shadow Emperor: A Biography of Napoleon III* (Stroud, Amberley Publishing, 2018) ; Steinberg, Jonathan, *Bismarck: A Life* (Oxford, Oxford University. Press, 2011). *Memories du Baron Haussmann* (George Eugène Haussmann) (Paris, Victor Harvard, 3 Vols., 1890-1893) (Vol I: l'Hotel de Ville; Vol II: Prefecture de la Seine; Vol III: Grande Travaux de Paris).

4. Jonas, Raymond, *Habsburg on the Rio Grande: The Rise and Fall of the Second Mexican Empire* (Cambridge, MA., & London, Harvard University Press, 2024); Krauze, Enrique, *Mexico: Biography of Power:A History of Modern Mexico 1810-1996,* translated by Hank Heifetz, (New York, Harper Collins, 1997); Marx, Karl, *The Eighteenth Brumaire of Louis*

Napoleon (London, Wellred Books, 2022); Marx, Karl, and Engels, Friedrich, *The Communist Manifesto* (with an introduction by Gareth Stedman Jones) (London, Penguin Books, 1967); Shawcross, Edward, *The Last Emperor of Mexico: A Disaster in the New World* (New York, Basically Books, 2021).

3. RENOUVEAU URBAIN ET MODERNISME : LONDRES APRÈS LE GRAND INCENDIE DE 1666 ; LISBONNE APRÈS LE GRAND TREMBLEMENT DE TERRE DE 1755 ; PARIS SOUS NAPOLÉON III ET LE BARON HAUSSMANN.

1. Barber, Peter, London: *A History in Maps* (Londres, The London Topographical Society en association avec le British Museum, 2012) ; Beddington, Charles, Canaletto in England: *A Venetian Artist Abroad, 1746-1755* (New Haven et Londres, Dulwich Picture Gallery, Yale University Press, 2006) ; Calloway, Stephen (éd.) *The Elements of Style: A Practical Encyclopaedia of Interior Architecture of Interior Architectural Details from 1485 to the Present* (New York, Simon & Schuster, 1991) ; Campbell, Colen, *Vitruvius Britannicus or The British Architect containing The Plans, Elevations, and Sections of the Regular Buildings both Public and Private in Great Britain* (Londres, vol. I, 1715, vol. 2, 1717, vol. 3, 1725) ; Delbourgo, James, *Collecting the World : Hans Sloane and the Origins of the British Museum* (Cambridge, Massachusetts, The Belknap Press of Harvard University Press, 2017) ; O'Connell, Sheila, avec des contributions de Roy Porter, *Celina Fox et Ralph Hyde, London 1753* (Londres, The British Museum Press, 2003) ; Parisiense, Steven (éd.) *Celebrating Britain : Canaletto, Hogarth and Patriotism* (Compton Verney, Warwickshire, Paul Holberton Publishing, 2005). Longstaffe-Gowan, Todd, *The London Square: Garden in the midst of Town* (New Haven et Londres, The Paul Mellon Center for Studies of British Art par Yale University Press, 2012). *Rocque's Map of Georgian London* (Londres, Old House, 2013). Shawe-Taylor, Desmond (éd.) *The First Georgians: Art & monarchy 1714-1760* (Londres, Royal Collection Trust, 2014). Tinniswood, Adrian, *His Invention so Fertile: A Life of Christopher Wren* (Londres, Pimlico, 2002). Weber, Susan (éd.) William Kent: *Designing Georgian Britain* (New Haven et Londres, Bard Graduate Center: Decorative Arts, Design History, Material Culture, New York, Yale University Press, 2014).

2. Barreto, Antônio, (organização) Marquês de Pombal : *Catálogo Bibliográfico e Iconográfico* (Biblioteca Nacional, Lisbonne, 1982) ; Barreto, Antonio, (organização) Marquês de Pombal : Catálogo Bibliográfico e

Iconográfico (Biblioteca Nacional, Lisbonne, 1982) ; Barros, Carlos Vitorino da Silva, *Real Fábrica de Vidros da Marina Grande, II Centenário, 1769-1969* (Lisbonne, Fábrica-Escola Irmãos Stephens - Instituto Nacional de Investigação Industrial, 1969) ; Buescu, Helena Carvalho, Cordeiro, Gonçalo, *O Grande Terramoto de Lisboa Ficar Diferente* (Lisbonne, Gradiva - Fundação Cidade de Lisboa, 2005 ; Delaforce, Angela (coordenação) *Portugal e o Reino Unido* (Lisbonne, Fundação Calouste Gulbenkian, 1995) ; Delaforce, Angela, *The Lost Library of the King of Portugal* (Londres, AD ILISSVM, 2019) ; Delaforce, Angela, *Art and Patronage in Eighteenth Century Portugal* (Cambridge, Cambridge University Press, 2001) ; Faria, Miguel Figueiredo de, *A Vida de Joaquim Carneiro da Silva (1732-1818) A Idade do Papel, Arte, Política e Sociedade. No Tempo das Luzes* (Lisbonne, Imprensa Nacional - Casa da Moeda, 2021) ; Gibbs, James, *Gibbe's Book of Architecture, An Eighteenth Century Classic* (Mineola, New York, Dover Publications Inc., 2008) ; Goudar, A., *Relation historique du Tremblement de Terre survenue à Lisbonne le premier Novembre 1755.* (A La Haye, Chez Philanthrope, a la Vérité, MDCCLVI) ; *Obra Completa Pombalina. Édition annotée de manière critique*, (direction, José Eduardo Franco, Pedro Calafate, Viriato Soromenho-Marques, Vol. I, Écrits d'Angleterre (1738-1739) (coordination, introduction et annotation par Ana Leal Faria) (Coimbra, Imprensa da Universidade, 2024) ; Faria, Figueira de, (coordination) du Terreiro do Paço à la *Praça do Comércio : História de um Espaço Urbano (Lisbonne, Universidade Autónoma de Lisboa - Imprensa Nacional* Casa da Moeda, 2012) ; Franca, José-Augusto, *Une ville des Lumières : La Lisbonne de Pombal* (Paris, S.E.V.P.N., 1965) ; Leite, Serafim S.I., *Suma Histórica da.Companhia de Jesus no Brasil* (Assistência de Portugal) 1549-1760, (Lisbonne, Junta de Investigações do Ultramar, 1965) ; Levenson, Jay A., (éd.) *The Age of the Baroque in Portugal* (New Haven et Londres, National Gallery of Art, Washington, Yale University Press, 1994) ; Machete, Rui (Apresentação) *1755: O Grande Terramoto de. Lisboa* (Lisbonne, Público et Fundação Luso-Americano, 2 vol., 2005) ; Martins, Rocha, *O Marquês de Pombal Desterrado, 1777-1782* (Lisbonne, Empresa Nacional de Publicidade, n.d.); Maxwell, Kenneth, *Marquês de Pombal: Paradoxo do Iluminismo* (São Paulo, Paz e Terra, 1996); Maxwell, Kenneth, *O Marquês de Pombal: Ascensão e Queda* (Lisbonne, Manuscrito, 2015); Molesky, Mark, *This Gulf of Fire: The Destruction of Lisbon or Apocalypse in the Age of Science and Reason* (New York, Alfred A. Knopf, 2015) ; Monteiro, Nuno Gonçalo Freitas, *O Crepúsculo dos Grandes* (1759-1832) (Lisbonne, Imprensa Nacional - Casa da Moeda, 1996) ; Ockman, Joan, (éd.) *Out of Ground Zero: Case Studies in Urban Reinvention* (New York et Munich, Temple Hoyle Buell Center for the Study of American

Architecture, Columbia University, Pestel, 2002) ; Rossa, Walter, *Beyond Baixa: Signes de l'urbanisme à Lisbonne au XVIIIe siècle* (Lisbonne, Ministério da Cultura/Instituto Português do Património Arquitectónico, 1998) ; Roberts, Jenifer, Glass : *The Strange History of the Lyne Stephens Fortune* (Chippenham, Templeton Press, 2003) ; Santana, Francisco, (recolha e índices) *Lisboa na 2a Metade do Séc. XVIIIe siècle* (Plantes et descriptions de ses paroisses) (Lisbonne, Câmara Municipal de Lisboa, s.d.) ; Santos, Maria Helena Ribeiro dos, *A Baixa Pombalina : Passado e Futura* (Lisbonne, Livros Horizonte, 2000) ; Stepanek, Oavek, *Mécènes de Josef Manes. A Família Silva Tarouca e a sua Influência na Cultura Checa* (Prague, Universidade Palacky de Olomouc, 2015) ; Tavares, Rui, *O Pequeno Livro do Grande Terramoto, Ensaio sobre 1755* (Lisbonne, Tinta-Da-China, MMXVII) ; Viegas, Inês Morais, (Coordenação do Projecto) *Cartulário Pombalino, Coleção de 70 Prospectos (1758-1846)* (Lisbonne, Arquivo Municipal de Lisboa, 1999) ; Vogel, Christine, Guerra aos Jesuítas, *A Propaganda Antijesuítica do Marquês de Pombal em Portugal e na Europa, Prefácio de José Eduardo Franco* (Lisbonne, Temas e Debates, Circulo-Leitores, 2017) ; Walker, Charles F. , Shaky Colonialism: *The 1746 Earthquake-Tsunami in Lima, Peru and its Long Aftermath* (Durham & Londres, Duke University Press, 2008).

3. Clark, Christopher, *Revolutionary Spring: Fighting for a New World, 1848-1849* (Londres, Allen Lane - Penguin Random House, 2023) ; McAuliffe, Mary, *Paris, City of Dreams: Napoleon III, Baron Haussmann and the Creation of.Paris* (Lanham, Boulder, New York, Londres, Rowman & Littlefield, 2020) ; Jallon, Benoit, *Napolitano, Umberto, Boutte, Franck, Paris Haussmann, Modèle de Ville, A Model's Relevance* (Paris et Zurich, Editions du Pavillon de l'Arsenal et Park Books, 2017) ; Smee, Sebastian, *Paris in Ruins : The Siege, the Commune and the Birth of Impressionism* (Londres, Oneworld Publications. 2024) ; Strauss-Schom, Alan, *The Shadow Emperor: A Biography of Napoleon III* (Stroud, Amberley Publishing, 2018) ; Steinberg, Jonathan, *Bismarck: A Life* (Oxford, Oxford University. Press, 2011). *Memories du Baron Haussmann* (George Eugène Haussmann) (Paris, Victor Harvard, 3 Vols., 1890-1893) (Vol I: l'Hotel de Ville; Vol II: Prefecture de la Seine; Vol III: Grande Travaux de Paris).

4. Jonas, Raymond, *Habsburg on the Rio Grande: The Rise and Fall of the Second Mexican Empire* (Cambridge, MA., & London, Harvard University Press, 2024) ; Krauze, Enrique, *Mexico: Biography of Power: A History of Modern Mexico 1810-1996*, traduit par Hank Heifetz, (New York, Harper Collins, 1997) ; Marx, Karl, *Le dix-huitième Brumaire de Louis Napoléon* (Paris, Gallimard, 1997) ; Marx, Karl, et Engels,

Friedrich, *Le Manifeste du Parti communiste* (avec une introduction de Gareth Stedman Jones) (Paris, Gallimard, 1995) ; Shawcross, Edward, *Le dernier empereur du Mexique : un désastre dans le Nouveau Monde* (Paris, Gallimard, 1998).

5. CONCLUSION

1. https://www.iitk.ac.in/nicee/wcee/article/13_918.pdf

www.ingramcontent.com/pod-product-compliance
Lightning Source LLC
Chambersburg PA
CBHW050526170426
43201CB00013B/2094